U0005026

易經說減重很簡單

減重名醫教你運用易經的智慧，
輕鬆達成減重的目標

趙世晃 醫學博士——著

晨星出版

作者序

《易經》是中國百經之首，大家都說它難，而幽默的是它的目的，其實是**教人容易的智慧**，它用最簡單的陰與陽，整理了人生多元的智慧。

減重是現代醫學的顯學，因為它攸關最普及的肥胖症與代謝症候群的防治。而減重很難，因為美食主義已經是這個世界的主要潮流，要對抗美食的誘惑很難，光有恆心還不足，還需要智慧。《易經》的人生智慧廣大精深，用在減重剛好合適。我在大學一年級開始讀《易經》，我的入門書是明朝來瞿唐寫的《易經來註圖解》，一讀就不能自拔，一直到今天已經快五十年了。

《易經》不好讀，因為用字太簡約，各家的註解也很紛亂，所以有幾十年的時間我讀得很痛苦，無法讀通每一卦的義理，坊間的參考書也愈看愈糊塗。直到我潛修了《心經》的「色即是空，空即是色」的奧義，再回頭讀《易經》，才豁然開悟。原來《易經》的核心智慧在講「**交換與對稱**」，這與《心經》的「色空不異」智慧有很大的共通性。

《易經》一卦的爻辭由初到上有六，幾乎都會有反轉的現象，譬如乾卦的「潛龍勿用」到「見龍在田」就反轉一次，到「飛龍在天」是提升，到「亢龍有悔」又反轉一次，原來強龍的本事要很多樣，要會先潛後種田，要會飛天還要會反省自己不要太驕傲。又譬如在復卦，從「不遠復」、「休復」、「頻復」、「中行復」、「敦復」，最後又反轉成「迷復」，意思是說，復卦所講的還原的力量，第一個方法就是不要離開太遠就容易復，其它依次是多休息、多練習、多選中間、多積厚實，因為厚實的本質像航空母艦，不會因為被一顆子彈擊中就沉沒。可是一到了第六爻，就反轉成「迷復」。我為了這個迷復，想了二十年還是想不通，直到有一天我看到有酒癮的病人，才恍然大悟，原來一直想「復」這一件事，最後會讓人上癮入迷，變成回不了原來的自己。「復」從不要離開太遠好容易回家，到最後反成了回不了家的「迷復」，這個反轉讓我看到《易經》的核心智慧是「交換與對稱」，像否極泰來，像樂極生悲，像母愛從無私的至柔，可以為了保護孩子而變成無畏的至剛。於是在十年前，我把這個心得寫成一本介紹《易經》的書——《心易相通》，這是我鑽研幾十年的《易經》後首度的心得分享，獲得很多讀者的迴響。對於《易經》智慧的博大精深，我從一個謙敬的受益者，開始變成一個熱心寫作的傳播者。

十五年前，我在臺中仁愛醫院開始減重專科門診，幫病態肥胖病人執行胃夾減重手術。我的醫療專業是減重，診療過的病人超過十萬人，開刀的減重病人超過四千人，對手術、藥物、衛教減重的研究也有很長的歷史。在我的病人中，有些人減得很順利，很快就減重達到他們的理想體重；有些人則減得不順利，一直在胖胖瘦瘦的循環中受苦。即使已經做過減重手術的病人，也有不少人有復胖的情況。在觀察病人的減重過程當中，**我發現每位病人減重的難易不一，對於減重知識多寡是一回事，想要減重的動機強弱是另一回事，病人本身的恆心與毅力強弱是一回事，有無良好的減重的環境也是。但是最重要的，還是減重的「智慧」**。得到智慧的病人，減重的成功率較高，因為減重智慧包括如何戰勝誘惑與管理自己。所以不論有沒有開刀，想要減重成功，還是需要動腦筋。我有時候會開玩笑的說，**體重要改變，需要換一顆腦袋才行！**

減重成功需要靠什麼智慧呢？綜合來說，因人而益，因減肥時期而有所差別。每個人發胖的原因都不一樣，有些人愛吃，有些人遺傳，有些人是代替行為，有些人是應酬多。每個人發胖的原因也不會是單一。我認為每個人的發胖原因多到可以組成一個軍隊，陸海空軍種都有，生理的、心理的，社會的、家庭的，感情的、工作的，習慣的、事件的、覺知的、價值觀的……應有盡有。發胖的心理與行為事實是一個大軍團，錯綜複雜，利益糾纏，很難憾動克服。與發胖集團軍作戰的**減重工作，可類比帶兵作戰的困難任務**。兩軍對峙，想要戰勝對方，一定要採用各種智慧謀略與兵法戰術，才能知己知彼，百戰不怠。想要發展一套適合自己的減重方法，也需要大智慧。減重比大多數人想的更困難，是場凶險的戰役，是很容易掉入陷阱而全軍覆沒的作戰行為。

一如**每個人的發胖原因很多元，每個人需要的減重智慧也很不相同，而《易經》有六十四個卦，各代表了一種特殊的智慧，讀者一定會找到一兩個卦的智慧，是最適合幫助自己減重成功的智慧。**讀者不需要一次把六十四卦的智慧都用上來減重，但是或許在某些時段，有些卦很適合，經過一段時間，會變成另外的卦更適合。這種漸漸轉變的減重挑戰並不奇怪，初期的減重與中、後期的困難點會不一樣，這是很常見的問題，所以一定要小心檢視減重過程的微妙變化，適當調整減重的心法與智慧。

把《易經》的智慧簡化成可以幫助減重的的智慧，是我長年來的願望之一，透過這本書，讀者可以讀到《易經》的智慧，同時習得減重的心法，可以說一舉兩得。最後，祝大家減重成功，易學順暢。

目次

《易經》六十四卦圖

上卦 \ 下卦	乾天	兌澤	離火	震雷	巽風	坎水	艮山	坤地
乾天	乾為天	天澤履	天火同人	天雷無妄	天風姤	天水訟	天山遯	天地否
兌澤	澤天夬	兌為澤	澤火革	澤雷隨	澤風大過	澤水困	澤山咸	澤地萃
離火	火天大有	火澤睽	離為火	火雷噬嗑	火風鼎	火水未濟	火山旅	火地晉
震雷	雷天大壯	雷澤歸妹	雷火豐	震為雷	雷風恆	雷水解	雷山小過	雷地豫
巽風	風天小畜	風澤中孚	風火家人	風雷益	巽為風	風水渙	風山漸	風地觀
坎水	水天需	水澤節	水火既濟	水雷屯	水風井	坎為水	水山蹇	水地比
艮山	山天大畜	山澤損	山火賁	山雷頤	山風蠱	山水蒙	艮為山	山地剝
坤地	地天泰	地澤臨	地火明夷	地雷復	地風升	地水師	地山謙	坤為地

六十四卦的大意

乾為天	坤為地	水雷屯	山水蒙	水天需	天水訟	地水師	水地比
能量、力量、剛強	虛無、時空、柔順	平衡、若流若凝	求疑問答	慾望、相吸	矛盾、相斥	紀律練兵	外交結盟
風天小畜	天澤履	地天泰	天地否	天火同人	火天大有	地山謙	雷地豫
機遇	天擇	交換	不交換	大同	大異	無私公平	善獨知樂
澤雷隨	山風蠱	地澤臨	風地觀	火雷噬嗑	山火賁	山地剝	地雷復
順行	逆為	演出	收看	改錯	包裝	圓寂	歸零
天雷無妄	山天大畜	山雷頤	澤風大過	坎為水	離為火	澤山咸	雷風恆
無常	有為	慧命	絕世	學習困難	傳承繁衍	剎那	永恆
天山遯	雷天大壯	火地晉	地火明夷	風火家人	火澤睽	水山蹇	雷水解
退休收割	正大進取	明照暗	暗藏明	合於明	分而明	承難	解怨
山澤損	風雷益	澤天夬	天風姤	澤地萃	地風升	澤水困	水風井
修己	助人	滅絕	共生	結晶	升華	圍塞自絕	連通活路
澤火革	火風鼎	震為雷	艮為山	風山漸	雷澤歸妹	雷火豐	火山旅
推翻、改變	營建、治理	共鳴共振	相安勿擾	演進來自磨合	割捨求取善終	光明而擴大	靜止而光明
巽為風	兌為澤	風水渙	水澤節	風澤中孚	雷山小過	水火既濟	火水未濟
容忍命運	輸出喜悅	遠離傷心	甘美分割	信仰求遠	細節求近	滿足得到	滿足失去

減重的難易關鍵——智慧

當我十五年前開始減重綜合門診後，我和數萬個減重病人有了第一線的接觸。當時我是用雞尾酒療法開藥幫病人減重，當然也有許多的營養師加入衛教與評估追蹤的工作。我們還開創了星座減重法，就是依病人的星座不同而發展出不同的衛教重點，一時之間得到熱烈的回應。不過一陣子後，病人還是復胖，產生溜溜球的現象，就是體重會起起伏伏，往往停藥一段時間後，就統統回到當初的體重。

我總是苦口婆心的對病人說教、鼓勵、訓戒、建議，最常見的說法就是：「要有恆心，要有決心，要轉念，要細心吃，要多運動，要把剩菜丟掉，要少吃高熱量的食物，要培養其它的興趣，要把吃東西當作最危險的事，要遠離損友，要拒絕大餐的邀約……」說了一百次，病人都聽膩了，效果有限，因為很難打進他們的心中。於是我得到了一個教訓，**「講一百次病人不想聽的話，不如講一句他們願意聽的。」**要勸人減重，說法也要有智慧。智慧，變成我新的思考重心，如何用智慧幫病人減重，也是往後我的努力目標。

後來我發明了胃夾手術幫病人減重，初期也得到很好的成績。但是過了幾年，一部分的病人還是復胖回來，讓我非常挫折。每當減重外科醫學會的同儕們相聚時，都會討論到術後復胖的問題，我們發現不論是做切胃手術，或是更嚴厲的胃繞道手術，還是有一部分的病人會復胖。復胖的問題不在開刀的種類，也不在病人原先的體重，不在醫生的優劣，不在病人的年齡、性別、職業、智商。那麼，**誰容易復胖，誰不容易？差別的關鍵在那裡呢？**

答案是：智慧——減重的智慧。

不管是用衛教的方法，還是用吃藥或開刀的方法，減重沒有適當的智慧跟隨，是不會有好成績的。有些智慧是要病人自己慢慢修正學習，有些是醫生可以迅速教導。有些是營養師可以在門診間提供，有些是要家人在病人身邊共同磨合。當智慧變成我思考減重成效的重點後，我的病人減重的成績開始明顯進步了。

非常神奇，一句巧妙有智慧的話，輕輕溜進病人的心中，造成的衝擊與影響甚至比開刀還巨大。病人的觀念對了，術後的減重可以從十公斤變成五十公斤，反之，也可能一公斤也減不了。曾經有一位術後病人，一年後一公斤也沒減，我問她為什麼這樣？她淺笑著回答：「我做手術是為了想大吃大喝不會胖，不是為了減重。」原來病人用她的智慧（只要吃不胖就滿意），打敗了我的胃夾。**一個胃夾手術可以讓病人在八個月內瘦一百二十公斤，也可以讓病人一年一公斤也不瘦，這是什麼道理？**

答案是：病人的想法，也是想法後面的智慧。

這幾年我這整理了減重需要的智慧，其實很多元，依病人不同的性格與背景，所需要的智慧也不盡相同。不同時期的減重，也有不同的智慧相應對。急性子的病人要減重，需要細嚼慢嚥的實作與引導，所以行為模式轉換的智慧就很重要。而有自閉傾向的病人要減重，與人溝通及實境交友、環境設計的智慧就很重要。具英雄氣概的病人要減重，注意細節與按部就班的智慧很重要。針對依賴被動的病人減重，建立標竿與團隊行動的智慧很重要。而那些常常功虧一簣，差臨門一腳的人，快速獎懲、紀律與節韻的智慧很重要。好大喜功，雷聲大，雨點小的人，則需要實踐與謙敬的智慧。報復性飲食，歇斯底里的人，需要學習原諒與冷靜寬容的智慧。陪伴性飲食，應酬性肥胖的人，則需要獨立觀察與隱藏想法的智慧。簡單講，每個人需要的減重智慧不一樣，減重不同階段也需要不同的智慧，每一種失敗的結果所欠缺的智慧也都有所不同。

要如何提供智慧給需要的人，本身就是一個大智慧的題目。智慧那麼多，要依靠何種資訊來源，如何給、如何教，都是難題。《易經》是中華文化的至高瑰寶，它的智慧博大精深，有些是大家耳熟能詳的，像「天行健，君子以自強不息」而更多的是大家不常聽到的，像「黃裳元吉」、「視履考詳，其旋元吉」、「富家大吉」、「黃離元吉」、「大人虎變、君子豹變」、「月幾望、馬匹亡。」、「不遠復」、「咸臨知臨」、「升階大吉」、「有孚惠心，有孚攣如」、「在師中」、「顯比」、「屯其膏」、「碩果不食」、「鼎玉鉉」、「甘節吉」、「大蹇朋來」、「君子維有解」、「飛鳥遺之音」、「渙其群，渙有丘」、「顛頤拂經」、「履校噬足」、「賁如濡如」、「棟隆」、「明夷於飛，垂其翼」、「既雨既處」、「疇離祉」、「勞謙由豫」……這些都只是《易經》智慧的一小部分，《易經》的智慧，可以幫忙各種不同的病人減重，甚至幫他們成功立業。

大家或許會說，用《易經》智慧來幫人減重太難了，感覺以油澆火，只會把病人嚇跑？其實不會。**《易經》雖難，減重之難，不遑多讓**。《易經》經過我的翻譯解釋，應該會變得夠簡單的。我的理想，是把《易經》教給小學生，讓他們從小就有《易經》的智慧陪伴。《易經》太難的部分我都略過，大家可以試看看，看完此書後，也許從此你們會說：「比起減重，《易經》真的很容易。」這本書的設計，就是以《易經》之難攻減重之難，用減重之難化解《易經》之難，或許可以建奇功、創奇蹟，完成不可能的任務也說不定。

一句話讀懂《易經》

如果要我用一句話來解釋《易經》，我會說——《易經》在說交換與對稱。

我們沒有理由讓周公再沉睡三千年。這部中華文化最古老、最醉人的經典，隱藏著宇宙人生巨大的智慧，或許是因為古文的簡約幽微，過去是一片「霧山謎海」，今天我們就用「交換與對稱」來喚醒它們。

那麼《易經》講什麼交換、什麼對稱呢？講天與地、陰與陽、剛與柔、內與外、有與無、色與空、動與靜、分與合、信與疑、明與暗、水與火、出與入、是與非、吉與凶……各式各樣的交換與對稱。

初學者很容易被《易經》的古文嚇著，但是我們可不是被嚇大的！我們可以用現代化的翻譯，很簡單的點中它們的核心意義，教它們無所遁形。首先，我們要抓住「交換與對稱」這個心法，把六十四個卦變成一對一對，共有三十二對。每一對卦彼此相對稱，我們稱之「相綜」或「相錯」（把卦轉一百八十度叫相綜，把陰陽交換叫相錯）。那麼，它們一對一對的是在說什麼事呢？

如下表所示，把六十四卦加以配對後，原本可以獨立產生意義的一卦，變成與它的配對卦互依互存，共同經營起同一件意義，很像在鏡子內外的兩個相，一實一虛，彼此可以交換對稱。虛實都是同一件事、同一件物、同一個人、同一顆心。好比有一次我考試得了八十分，母親說「好高！」父親說「好低！」我說「高或低，都是一種分數。」所以「分數」統合了「高低」兩件事。三十二對卦各有其統合的意理。

天、地	剛柔	屯、蒙	剛動智出
需、訟	力分	師、比	用群
小畜、履	取捨	泰、否	交換
同人、大有	同異	謙、豫	高低眾我
隨、蠱	順逆	臨、觀	出入
噬嗑、賁	真善美	剝、復	終始
無妄、大畜	無常	頤、大過	慧命
坎、離	斷續	咸、恆	短長
遯、大壯	退進	晉、明夷	明暗
家人、睽	分合	蹇、解	敵友
損、益	加減	夬、姤	滅生
萃、升	聚散	困、井	圍通
革、鼎	破立	震、艮	熱冷
漸、歸妹	嫁娶	豐、旅	光明動靜
巽、兌	吞吐	渙、節	平衡
中孚、小過	虛實	既濟、未濟	圓缺

自**天**卦的至剛開始，對稱**地**卦的至柔。除了無限的極端，萬物一般都可在剛柔之間找到一個定位。**屯**卦於是開始剛柔的交換，是「剛」開始在「柔」中行動，智慧在疑問中流動，卦義開始清除**蒙**蔽。**需**卦是相吸的力量，**訟**卦是相斥的力量。可是萬般的力量無法絕對相吸或相斥，萬有引力也不行，這是量子世界的信念。力只在相吸或相斥間存在。**師**卦教人如何用紀律練兵，**比**卦教人如何用外交結盟，這是人類利用群居的優勢戰勝異類的法則。**小畜**卦講機遇，與天機相遇，**履**卦講選擇，天的選擇。人的選擇加上天的選擇，造就了我們今天的樣子。**泰**卦是至剛與至柔的交換，因為有了最大的交換，所以得到最大的通泰，反之就是**否**，所以《易經》的核心價值是「交換」。**同人**卦講大同，尋求最大的相同，讓世界擁有一個「共同心靈」。**大有**是很大的不同，百花齊放，萬紫千紅，而同異之間就是1與N的道理，N變成1是同人，1變成N是大有。**謙**卦講我低眾高，很辛苦，**豫**卦講我高眾低，很快樂。可是在這顛倒世界裡，事情往往相反。快樂往往是因為心情的謙下，辛苦往往因為自視過高。

隨卦說順著誘因前進，用模仿保護自己。**蠱**卦說一關又一關的挑戰，止於至善，我們的心永遠在順逆之間移動。**臨**卦說在臺上盡情演出，**觀**卦說在臺下安靜觀想。每個人都有兩個世界，一個在臺上，一個在臺下，缺一不可。**噬嗑**卦用改錯治病的方法前進，**賁**卦用包裝文飾的方法增益美麗，直到返璞歸真，這是追求真善美的兩面手法。**剝**卦說有一種至善的到達，**復**卦說有一種歸零的開始，兩卦的終始循環把智慧化成一個沒有前後的圓。**無妄**說不要和未來講道理，**大畜**說要向過去學習，用最大的保險來應對最無常的風險。**頤**卦說有一種生命鏈，在養與被養間形成一個大圈，**大過**卦說有一種生命空前絕後，唯我獨尊。不論活在生命鏈中，還是在自己的唯一，我們都在探索自己的慧命。**坎**卦說當「剛」與「剛」彼此交錯，像十字路口，互相切斷對方的路，我們要學習對方的困難，才能維持路口的通行；**離**卦說我們需要把文明分割，像細胞分裂，才能繁衍傳承，兩者在探討「斷」與「續」的互為因果。**咸**卦說感性發生在剎那間，**恆**卦說累積剎那才有永恆，所以時間的短長不過是真理經過微分與積分的不同面貌。

遯卦用後退來收割成果，**大壯**卦用正大前進，其實進退只是過程，和勝敗無關。**晉**卦用明來昭顯暗，**明夷**卦用暗來保護明，其實明暗是相依存的。**家人**卦用組合來美麗，**睽**卦用分辨來美麗，智慧就是分合同異的應用。**蹇**卦承擔困難，**解**卦解除怨恨，有人能愛他的敵人，有人會恨自己的朋友，心往往在難易間來回徘徊。**損**卦用減法修身，**益**卦用加法助人，德行在加減中累積。**夬**卦講除惡務盡，**姤**卦講溫柔共生，相滅相生，是柔在剛中的輪迴。**萃**卦講聚眾而結晶，**升**卦講升華而歸無，這是熱力學中秩序與混亂的循環。**困**卦用界線把自己圍困，**井**卦用通路把自己救出，界線與通路，都是生命的必需。

革卦講文明的破壞與改變，**鼎**卦講從許多的「也許、如果」建立文明，文明的演進正是由不停的破與立來推動。**震**卦講熱情共鳴，**艮**卦講冷默相安，宇宙就在熱冷之間運作。**漸**卦講物種演進、登陸過程中，安定與冒險的循環，**歸妹**卦講公主出嫁時用割捨來行動，進化或退化如同人生的嫁娶，是一種磨合過程。**豐**卦講光明的擴大，**旅**卦講用安靜尋找光明，生命在每一種動靜中尋找其專屬的光明。**巽**卦講吞忍命運的挑戰，**兌**卦講給生命最大的輸出，生命像肺葉的呼吸一樣，不停的吞吐。**渙**卦用擴散時空來遠離痛苦，**節**卦用分割時空來度過痛苦，而痛苦的對面就是快樂。**中孚**卦講信仰是虛的但可以致遠，**小過**卦講細節是實的，不宜好高騖遠，心智在虛實中尋找完美。**既濟**卦講圓滿，**未濟**卦講不足，心的本質對每一件事都有兩種認知，是既對稱又可以交換。

因為交換，所以對稱；因為對稱，所以交換，《易經》就是說這個。

雷、山、水、天、地、風、澤、火，人生何處不八卦

人生能有一個女兒是男人最幸福也最憂心的事，而我有兩個女兒，因為她們，我這個作父親的心情便始終徘徊在幸福與憂心的兩岸之間，唯恐她們的一生不盡如意，一念之差誤入歧途。先前我受邀在扶輪社演講「易經八卦」，得到很大的迴響，聽眾說如果這種祖先的哲理能早一點讓孩子懂，那麼孩子的人生應該會走得更平安喜樂。於是我靈機一動，想到如果教孩子《易經》的六十四卦太難，那麼教他們「八卦」總可以吧？八卦熟了，六十四卦才容易入門。於是我把我的演講內容「女兒化」一番，推演幾次，便很「爸爸」的找上兩位女愛徒要試傳武功心法。

我說：「女兒啊！妳知道為什麼女孩子聊天叫『八卦』嗎？」

大女兒說：「這個很簡單啊！因為跟算命的胡說八道一樣，同樣有一個『八』。」

小女兒說：「才不是呢！八卦是經陰陽兩儀四象演生而來，有很會演、很會生的意思，代表話題會生話題，不停演生下去，沒完沒了。」

大女兒不服氣的說：「也不止如此，八卦的特色是『挖隱私、扒祕密、搞玄怪』，自古易

經八卦就是最玄最怪最撲朔迷離的學問，所以要形容女人聊天的本事，非『八卦』莫屬了。」

聽到美人魚上鉤，我一陣心喜：「誰說八卦最玄怪、撲朔迷離？我覺得八卦正經八百的，再簡單不過了，別污名了我的八卦，當年伏羲氏演八卦，天地變色，鬼哭神號。**人生無處不八卦，上有天，下有地，動有雷，靜有山，入為風，出為澤，畫地而生坎水，穿天之日為離火，**正氣浩然，妙法天成，簡單到不行，三歲小孩子也會拍手叫好。」

雷卦

大女兒豎眉道：「你說我們連三歲小孩都不如嗎？那好，我問你，為什麼一陽在二陰之下是雷，不是山，當初伏羲氏是怎麼想的？難道你知道嗎？」

我說：「山人自然知道，妳們仔細聽著。話說八卦最難之處就在定陰陽本末，一旦定了，其它一切水到渠成，不得不然。陽為男，主『動』，延伸為男人的特色，為『能量、力量、意志力、剛強、變化的能力』。陰與陽相對，主『靜』，延伸為女人的特色，為『空間、虛無、柔順、守持的能力』。這當然是指遠古時代的男女特色，今天的男女特色已經混淆，甚至角色互換也可能，幸好伏羲氏沒看到，否則他可能連八卦也排不出來。」

小女兒說：「別作沙文豬了，你這是男性自大狂。現代的女人有什麼不好？很多單親媽媽身兼父職，都是男人負心，不負責任，是男人沒用，不是女人強出頭，你懂嗎？不過，你剛剛說女人的特色為『空間、虛無』，這點我倒是不懂。」

我說：「這個簡單。妳想像一下，我們一生下來就活在母親的懷裡，成長的過程也是在母親的保護網內。如果把自我的存在當作陽，把母親無微不至的保護當作陰，陰自然是空間，是讓生命可以茁壯的空間，也是和存在相對的虛無。把陰獻給偉大的母愛，代表包容一切的時空和虛無，一點也不過分。我是百分百的女性尊敬者，請不要誤會我！」

大女兒說：「你還沒回答我的問題，為何一陽在二陰之下是雷，不是山？」

我說：「這是本末的問題。當初老祖先決定卦爻的演譯要由下而上，而非由上而下，是看到萬物的生長都是由下而上、由小而大、由低而高。一旦決定了初爻在最下處，而打雷則是象徵從天而降的能量初現在空曠的大地，自然是一**陽在二陰之下**，**代表誕生**、**開動**、**加速**、**能量開始征服空間**。我每次看到雷卦，都會想像我正開著一輛法拉利跑車在高速公路上不停的加速馳騁，充滿極速的力與美。這種活力充沛的感覺，是男性征服空間虛無的本性，所以也是生意盎然、春到人間的一個卦。人間到處是雷卦，我可以舉很多例子：稻苗長出了水田，是雷從被窩爬起來是雷，出拳打擊對手是雷，用弓拉小提琴是雷，對著捕手投球是雷，用飛彈攻擊目標是雷，登陸月球是雷，打開一瓶汽水是雷，射箭是雷，鑰匙是雷，雙腳是雷，打電話是雷，武器是雷，按鈕是雷，車子的加速踏板是雷，創意是雷，生氣是雷，求愛也是雷。」

小女兒說：「乖乖！這麼多雷，你講得太快，很難一下子消化。不過我歸納一下，你講的像雷的事物，還真有那麼一點共通性。總之，陽開始出現並接觸到陰，開啟一種行動，展開攻擊，無中生有，都是雷的象徵，是不是？」

山卦

我說：「沒錯，這是令人振奮的雷，充滿活力、朝氣。不過太多的雷也不好，就像永不休息的小孩，是會累死母親的。所以太多的雷會讓人覺得太吵太躁，一個人整天出新主意，忙個不停，最終還會累死自己呢。和雷相對的『山』就安靜多了，**一陽在二陰之上，代表停止、結束、減速、空間開始征服能量**。當我看到山卦，我就想像我站在一座山頂，靜靜的看著星空，我的身體漸漸消失在無邊的黑暗之中，溶入了虛無，享受著永恆的寧靜。這種把能量關閉，讓空間回復安靜，在精神世界是很崇高的境界，古人說的『定、靜、安、慮、得』的功夫，前三項可以說就是『山』的修為。人生到處都是山卦，打坐入定是山，回家是山，把車子停下來是山，拒絕是山，背對著人是山，把瓶子蓋上是山，告別式是山，事物的終點是山，剎車是山，圍牆是山，懸崖是山，帽子是山，頭上的角是山，屋頂是山，大車是山，桌子是山，床是山，上床休息是山，靜觀是山，界線是山，細胞膜是山，有限的盡頭是山，把嘴閉上是山，把心鎖起來也是山。」

水卦

說完，我頓覺口乾舌燥，大女兒貼心，倒了一杯水給我，說：「爸，你真不是蓋的，一個山卦，可以掰那麼多東西，那麼夾在雷與山之間，一陽在兩陰之間的『水』卦又是怎麼一回事？」

我喝了一大口水，說：「沒錯，**水卦正是夾在雷與山之間，既動又止，既想加速又想減速，呈現進退兩難的局面，就是水**。水卦又叫『坎』卦，是在大地上畫出一條溝渠的樣子，象徵危險、阻礙、困難的意思。看到水卦，我就想像我在高空走鋼索，為了保持平衡，我手拿著平衡桿左右搖晃，小心的一步一步向前走，不敢快，也不敢慢，全神貫注的為走在中線而辛苦操勞。這種持中的狀態，正是人生最辛苦的常態，但也是孔子最景仰的狀態，他因此而悟出『中庸』為至德的哲學。水卦代表危險、懷疑、困難，是俗世都畏避三舍的卦。可是依我的理解，水卦正是《易經》的精華，因為《易經》之所以用『易』，就是要化困難為簡易。沒有困難，那裡來簡易？《易經》的前二卦是『乾為天』和『坤為地』，從第三卦起，『水雷屯、山水蒙、水天需、天水訟、地水師、水地比』，連續六個卦都在講水卦，由此可見水卦在《易經》中的地位多麼特殊。『水可載舟，亦可覆舟』，水是酒食與血液，是生命之必需。水也是洪澇的凶手，困難是失敗的原因，但也是成功的良師。對水卦的學習，往往是《易經》中最迷人的經驗。人生到處是坎水，相撲比賽的雙方相持不下是水，同床異夢是水，愛恨交加是水，兒子夾在母親與妻子之間左右為難是水，方向盤是水，十字路口是水，牢籠是水，骨骸是水，因為它沒有內臟沒有皮表，所以大樓的鋼梁是水，謎題和難解的問題是水，把光明遮蔽的東西是水，日蝕是水，窗簾是水，欲求是水，刑具是水，烏雲是水，懷疑是水，誤解是水，傷心是水，吵架是水，戰爭是水，疾病是水，魔鬼是水。」

小女兒說：「我不喜歡水，好多壞東西，有什麼好學習的，真不明白你是怎麼想的。」

我說：「沒有人喜歡被淹在水裡，可是倘若這是人生不可避免的過程，那麼如何面對水、學習水、克服水、善用水，就變成極端重要了。譬如吵架可以辯明真理，戰爭可以奠定和平，疾病可以強化身體，欲求可以激發奮鬥，懷疑可以促進風險管理，十字路口可以學習禮讓，愛恨交加可以磨練自我，困難可以聚集朋友，危險可以強化安全，魔鬼可以警示善惡。水卦的學習告訴我們『禍福相倚，吉凶相繫』的道理，所以千萬不可憑一時喜惡而放棄對水卦的學習。」

天卦

大女兒說：「如果把雷、水、山三卦加起來，是不是就是一個『天』卦？」

我說：「妳真聰明。**天卦的三爻皆是陽，兼有上述三卦的特色，但是更強，它的能量占滿了空間，充滿最剛強的力量、意志力。**『天行健，君子以自強不息』這句話妳們應該都讀過，除了強以外，它的自我很大，象徵很有能力，很堅忍，很自愛的強人。這種人是天生的王者，人中的龍鳳，受人景仰。但是這種人也很讓人頭痛，譬如他可能很自大、很驕傲、很不聽話、很固執己見，不留一點空間給別人，心裡容不下第二，結果成了大家討厭的獨裁者。所以只有力量，沒有空間；只有剛強，沒有柔順，天的優點可能變成缺點。當我看到天卦，我會想像我是森林中的一隻猛虎，水中的一條殺人鯨，空中的一條飛龍，或是神通廣大的孫悟空，所向無敵，是主宰一切的王，決定別人生死，任性執意，天威難測，胡作非為，挑戰權威，千變萬化，唯我獨尊，不可一世。這世間到處是天卦，宗教的教規是天，獨裁者是天，老闆是天，顧客是天，選票是天，財富是天，賭博是天，毒癮是天，跑馬拉松是天，征服百岳是天，考聯考是天，求生的意志是天，殘而不廢是天，視死如歸也是天。天災人禍是天，命運也是天。」

女兒們似乎被我的「天」迷惑住，陷入了沉思。

地卦

我說：「如果有一個男孩很有天的能量，妳們願不願意嫁給他？」

大女兒說：「不願意，因為太強了，太自我了，在他的周圍沒有別人的空間，即便再有錢有勢，只會愛自己，不會愛別人，不會是一個好老公的。」小女兒聽了也猛點頭。

我說：「沒錯，所有天的缺點，在『地卦』都可得到互補。**地卦三個爻都是陰，代表無限**

的空間時間，廣大的虛無，柔順，沒有主張，沒有自我，沒有力量。當我看到地卦，我會想像我是包容一切的夜空，是默默的大地，是一匹任勞任怨的馬，是一個唯命是從的僕人，是在搖籃邊的母親。人生到處是地卦，空白的黑板是地，等待被感動的觀眾是地，無助的難民是地，空袋子是地，包包是地，保險套是地，衣服是地，員工是地，陶土是地，畫紙是地，地毯是地，墊子是地，任何提供空間讓人用，默默等候承載事物的都是地。地的柔順、利他、靜默是它的美德。可是相對的，它的缺點就是沒有主張，混沌沒有秩序，只有包容，沒有規矩，一成不變，卻了無新意。像這種男孩子，很溫柔體貼，妳們願不願意嫁給他？」

小女兒說：「怎麼行嫁？我最討厭男孩子沒有主張，我喜歡男孩子一眼就能看透我的心思，他決定的事就是我的最愛，我都不用出主意，他可以把一切搞定。只有溫柔沒有主張，像牛皮糖一樣，太娘娘腔的，一點都沒有男子氣概，怎麼行嫁？」

風卦

我說：「沒錯！天太大或是地太大，力量太大或是空間太大，都有缺點。所以《易經》教我們要陰陽調和，剛柔互濟。**風卦**，一**陰在兩陽之下**，**象徵陽往後退一步**，**讓出了空間**，**也是陰往前進一步**，**要和陽相合**。風是最有彈性的東西，它沒有一定的形狀，卻無孔不入，所以用它來代表退讓、容忍、合作的美德最適合不過了，不是嗎？風卦有很奇妙的特質，它一方面是陽對陰的容忍，另一方面也是陽對自我的挑戰，用虛無挑戰存在，用柔順挑戰剛強。人生到處是風卦，歡迎光臨是風，吃東西是風，躬身道歉是風，握手合作是風，碗、茶杯、鼎、舟船，任何有相類似形狀的載體都是風。把食材放在一起料理是風，聯合國是風，社團是風，開會是風，集思廣益是風，靈感、假設是風，約會邂逅是風。風的美德是包容、有彈性，而它的缺點就是雜亂、混淆、不純淨、不安定。」

澤卦

大女兒說：「風卦和雷卦正好陰陽相錯，它們之間有什麼關係？」

我說：「有，它們正好可以形成好搭檔。雷如果是投手，風就是捕手；雷如果是攻擊主戰派，風就是投降主和派；雷是加速度和力量，風就是加空間和距離。雷求快，風求寬，都有一種不安定性，不精確性，這是因為兩卦都是一種陰、陽初遇的情形。**而和風相反的『澤卦』，一陰在二陽之上，所代表的意含則和『風』呈現另一種相對，它代表僅存的一點空間快被實體占據，實體和空間互不相容，彼此分開明白**。所以風卦講合、講入，澤卦講分、講出。當我看到澤卦，我會想像我躺在捐血車上，把我珍貴的血捐出來，用割捨來施放愛心。人生到處是澤卦，餵母乳是澤，把拼圖拆下來是澤，把機器拆成許多零件是澤，拔牙是澤，濾水器是澤，吹泡泡是澤，講話唱歌是澤，嫁女兒是澤，把一年分成四季是澤，關節是澤，聊天說八卦是澤，感覺的能力是澤，淘金是澤，剝皮是澤，結晶是澤，推理審判是澤。澤的美德是明白、有層次、果決、割捨、分享，而它的缺點則是沒有彈性，太敏感，潔僻，孤獨。」

小女兒：「這種男孩子我也不喜歡，什麼事都分得清清楚楚的，如何談情說愛。」

我說：「也不一定，這種男孩多半較果決，該捨的就捨，所以身邊乾乾淨淨的，很愛好自由。也許理性較強一點，浪漫較少一點，不過可是很願意分享的人格喔！」

火卦

大女兒說：「最好每個卦的優點都有，缺點都沒有。爸！有沒有這種男孩子呢？還有『火卦』，你還沒講哩！火卦和水卦相錯，一定是很好的卦，對不對？」

我說：「沒錯！**火卦上下兩陽夾著一陰，把天打開一個洞，是讓人看得見天堂的卦，象徵光明、信心、通路、文明**。當我看到火卦，我會想像我坐在電腦前，整個世界透過網路和我連結著，空間和時間像一幅畫被裱起來，文明就是人類心心相連的總和。人生到處是火卦，眼睛是火，窗戶是火，網路是火，文字是火，書是火，傳承是火，霓虹燈是火，放大鏡是火，商標是火，媒體是火，信仰是火，法典是火，誓約是火，理念是火，所有我們認為對的真的事物的總和是火。火的美德是明麗、信心、相通無阻，但它的缺點則是太重外表，虛偽，一廂情願，不甘寂寞。一個太愛讓人看得見的人，譬如藝人，容易展出一種愛現、真假不分、大驚小怪的孔雀情結。所以說，太多的光明也是有辛苦的地方。」

大女兒：「為什麼信仰是火呢？」

我說：「信仰讓人得以和神溝通，讓天堂開出一條路，當然是火。『人生何處不八卦』也是一種信仰，相信八卦的解悟和靈動，可以幫助我們化危為安，化難為易。簡單說，八卦不過是陰陽的組合，講力量與空間關係的一門學問，妳們同意嗎？」

小女兒說：「同意，同意也是火，因為我們心意相通，對不對？」

於是我知道，我的八卦終於有了傳人。

如何讀這本書？

這本書有兩個目的，一是讓大家略懂《易經》，二是讓大家可以用它來幫忙減重。

《易經》有六十四卦，分別由內外兩個八卦組成，所以要先讀懂八卦。八卦的名稱大家耳熟能詳，但是它們的類比，形而上的意義，要花一點時間消化吸收。這對讀懂《易經》來說是最基礎的功夫。所以請大家耐心把〈雷、山、水、天、地、風、澤、火，人生何處不八卦〉先熟讀一番。

《易經》的智慧很豐富精深，可以讀數十年而意猶未盡，《易經》的重要智慧是交換與對稱，每個卦的名稱都精確的說出它內外卦相勾對相加相成的意義，類比於數學中的群運算，精巧無比，讓人嘆為觀止，而這是三千年前就到達的成就。這在前文的〈一句話讀懂易經〉中有大略的說明。

《易經》的原文是古文，義理較深，如果有興趣的人，可以在附錄的〈六十四卦對照表〉中查到每一卦的原文，與該卦相對於減重的智慧要點。

原文的翻譯很不容易，我把一部分寫在每篇的首頁，我用貼近與小孩對話的口氣寫這些翻譯，希望大家能感受到我的苦心。如果想更進一步了解易理的精妙，可以去讀我十年前出版的

《心易相通》這本書，用故事去說明每卦的意義，或許大家會喜歡。

我的減重智慧從謙卦開講，因為我覺得謙卦：教人謙敬與虛懷求進的智慧，會產生巨大柔順與願意，這是減重成功最關鍵的一步。書中用0代表陰爻，1代表陽爻，這是書寫上的方便性，大家也可以如此記憶每個卦的陰陽。每個卦的獨特智慧在簡單說明之後，我整理出幾個要點，讓大家來參考對減重的幫助。

我依次介紹六十四卦，中間還會說明兩卦之間的關係與相對應的演化或變化，這是要告訴大家一件重要的事，就是卦與卦之間存在著可以比較與相乘的關係，或在數學上說，是可以彼此運算與轉換的。為了這個目的，我先介紹的卦，多是陽爻少、陰爻多的卦，像謙卦、豫卦、師卦、比卦。

卦的介紹次序沒有一定的道理，只要大家讀得順利即可。大家也可以跳著看，翻著看，獨立研讀每一個卦，吸取它的能量與智慧。

書最後，有一個〈減重卦象自我評估〉，讓大家自我評估一下，自己肥胖或減重的問題是什麼？適合哪一些卦的智慧？或許能幫助一些讀者找到最需要的卦與智慧。

其實卦卦是好卦，每個卦都有獨特的智慧來幫我們減重，千萬不要主觀的認定什麼卦是好卦，什麼是壞卦，而錯失了學習的良機。

六十四卦的減重智慧

謙卦。

謙敬所以願意

地山謙

我用自己的高扛起眾人的低，如此體驗了公平的偉大。

謙卦，000100的結構是上地下山，用山的高來交換地的廣，把高度平均分給眾生，是公平、平等的能量，更是以高就低，不自傲、不怠慢的態度。謙是用高度來愛眾生的廣大，彷彿把眾生抬上自己的肩膀，好用自己的高度來讓眾生看得更廣更遠。在佛學中，這就是大乘佛法，不只修自己的心，還要幫眾生脫離苦海。

謙虛的人，學問愈高會覺得愈需要學習。地位愈高會覺得要服務的人愈多，總是看重別人的需求，看輕自己的辛苦。人為何需要謙的美德？原來用謙的廣度來平衡自己的成就才智，是對自己最安全的保護，最容易受眾人的敬愛，所以有利於生存競爭。

兵法上，謙卑的軍隊往往戰勝驕傲的軍隊；做人處事上，謙虛的人往往更受人歡迎，更可以百尺竿頭、更進一步；事業上，謙敬的團隊往往更團結上進。

爻辭

謙謙君子　我在謙虛中了解君子的定義。

鳴謙　我大聲鳴謙，向大眾積極廣宣謙道的理想。

勞謙　我用不辭勞苦來修練謙虛。

撝謙（ㄏㄨㄟ）　我揮開敵人（不公平）的阻擋，心懷眾生平等，充滿了作戰的能量。

如何用謙卦來幫助減重？

1. **謙虛的檢討自己減重的需要**。很多拒絕減重的人，有很多心理上的理由，但總歸一句，就是不夠謙虛，固執自己的現狀。從拒絕變成願意，最好的方法就是找到謙虛，先承認自己有減重的需要，減重才能開始。

2. **謙敬的心會更愛惜健康，尊重環保，杜絕浪費**。愛惜健康，所以即早減重；尊重環保，所以不浪費食物資源；節能減碳，所以增加運動量。

3. **謙敬讓困難變容易**。有謙敬的心，會願意改變自己，願意看重別人而改變自己。人生凡事願意，把自己的困難看輕，減重也就變容易了。

4. **謙敬的人會調整心的高度**。不怕勞動、不怕麻煩，做基礎的事也不覺得丟臉，這是減重最需要的特質。

不富以其鄰，利用侵伐

我以眾生共富為口號，聚眾行師，哀兵必勝。

鳴謙，利用行師，征邑國

我因為身先士卒，士卒不敢吝嗇犧牲。我用謙求眾生公平，同生共死，可滅人邑國。

豫卦。

容易的方法與成就

雷地豫
我用願意行動，
用歡笑創造順境。

豫卦 001000，此卦說的是用輕鬆容易的方法工作，往阻力最小的方向前進，把握最簡單的成就。**習慣就是豫卦**，因為習慣是阻力最小的行動模組，一旦習慣養成，減重阻力也會變小。歡笑是阻力最小的心態，用在減重上，只要笑口常開，就能事半功倍，譬如在減重時盡量安排能讓人感到快樂的生活內容，可以減輕減重的辛苦。

改變自己的進食習慣，則是成功減重的關鍵。沒有限制、盡情享用美食也是天下最快樂的事，減重時該如何對抗天下最容易感到快樂的進食習慣呢？試著把進食的困難加大，不讓自己很容易進食，養成習慣之後，就不再容易犯錯。

豫卦教我們一種容易的智慧，輕鬆簡單的完成目標，減少阻力、加速前進，用歡樂愉悅的心情做事。豫卦就是事半功倍的心法。

爻辭

鳴豫，凶
疾呼好豫惡勞不公不義的人生觀凶。

介於石
我躲在大石之間避開急湍的河水，豫的靈動善借它物的動或不動來減少自己的耗損。

盱豫悔
我只是張開眼看別人辛苦，結果遺誤了先機。

如何用豫卦來幫助減重？

1. 離開讓我們變胖，或誘惑我們過多進食的環境。減重期間，遠離常邀我們去吃大餐的朋友。

2. 尋找幫助。多主動聯絡會陪伴我們去運動的朋友、簡食主義者、會鼓勵我們減重的人。

3. 先從一項減重必須要改變的習慣開始。要改的習慣可能有很多種，譬如有戒甜食、戒甜飲、戒狼吞虎嚥、戒零食、戒聚餐、戒宵夜、戒澱粉，戒油炸……一次選一項，從最簡單的開始，不要貪多。

4. 保持快樂愉悅的心情。簡化減重的目標工作，太辛苦或太悲情，往往會造成減重失敗。

由豫、大有得、勿疑、朋盍簪

我用豫行動，追隨自然法則，放下多疑，把眾多心事像三千髮絲用一根簪串起來，我簡單喜樂的心提高了生活效能。

貞疾恆不死

我在每次生病時都堅持樂觀找回健康，如此我確保簡單不死。我在生病時導正自己找回再存活的方法。我用多活一口氣來勝利，多贏一分來不敗。

冥豫

我用靜思冥想帶來喜樂的心情。

小過卦。

求精的細節

雷山小過

我用最安靜的心等待前進，
用最小的步伐超過當下，
用超過常人的細心成功。

小過卦001100，告訴我們，在時空最微小的奇異點，有一種我們不能想像的奇妙法則，因為在那個世界，一秒就是永恆，一公分就是宇宙。

小過卦說我們習慣當巨人，習慣看到比我們大的事物，而忽略了在微小的世界中，藏著豐富的美麗與真理。所以，認真拿著放大鏡來微小世界探險吧！懂得用放大鏡的巨人，多半是更成功的巨人，因為成功的祕密在細節裡，不在遙遠的星空。小過卦教人**要小心謹慎**、**細心縝密**、不要粗心、不要貪心、好大喜功，或凡事差不多就好。

小過卦001100上雷下山的結構剛好是謙卦000100與豫卦001000的相加。又要謙敬，又要快樂簡單，如何做到？說穿了不難。就是先用謙敬的心找到「我願意」，再用願意的心找到簡單快樂。小過的解釋其實是「最微小的超過，在細節的地方找到解答，用最安靜的步伐前進」。

小過卦的兩個陽爻擠在中間，有一種糾纏不休的象徵，彷彿身處微妙

爻辭

飛鳥以凶

我是隻小鳥，我生長在一個凶險的天地中，我必須好好的飛，小心的飛，飛過眾多的凶險，然後長大。

過其祖，遇其妣；不及其君，遇其臣

我在時空中與人相過、相遇、相等待，有時等不及了，就選擇了替代的緣份，我安靜的等待相遇，溫柔的用過去替代未來。

的勝負損益邊緣，這在減重的過程常常發生。很多人會發現努力減重一陣子後，體重沒有減少，很沮喪。其實糾纏點正是事情要成功的關鍵，減重總在「**細微處定勝負**」，不是空談或高調，是細節。所以減重時，要替自己定一個有細節、每天減一點點的方法，而不是一下子斷食十天，減掉很多體重，累積很多勞累與負面的心情，最後崩潰就重重的摔回原地。小過卦說，「飛鳥離之，凶」，意思是貪高的鳥飛太高了，最後飛不回自己的巢，這是不吉祥的。

如何用小過卦來幫助減重？

1. **練習細心**。放大鏡下的世界有細節，研究細節不會因此失去宏觀與視野。細節裡有一個更大、更清楚的世界，每個物件都是巨人般的雄偉，所以細心可以發現巨人的世界。減重可以很粗略的進行，但用細心執行起來會很不同，**因為細節讓每一步變容易、讓錯誤減到最少**。

2. **確保成功就是比及格再加一點點**。開車時，我們常用小過卦來確保行車安全：我們會與前車保持多一點的車距；我們會在十字路口

弗過防之，從或戕之，凶

我拒絕讓未來變成過去，未定變成既定，我破壞了承諾，想逆轉過去，失去了安定的心。

弗過遇之，勿用永貞

我在事情發生的當下，用最細心的態度求得最完美的相遇，如此延後了美好，消失到過去。

密雲不雨，自我西郊，公弋取彼在穴

我用超過標準的準備把事情做好，擴大可防範的範圍遠離危險，用最詳細的沙盤推演把成功變成囊中之物。

弗遇過之，飛鳥離之

我沒有把握當下，讓機會白白溜過，我像飛得過高的小鳥，錯過了棲息地，遠離安全而不自知。

把車速慢下一點；我們會在車速較快時早一點踩剎車，以免誤闖紅燈。凡事加一點，就可以增加成功的保證，可以遠離失敗的陷阱。禮貌多一點，人緣就會好起來；話交待多一點，誤會就會少很多；開會早到一點，準備就會周全很多。減重也是，比計畫多減一點，比拉警報的時間早一點開始減，比對手多減一點，歡喜的情緒跟得到的讚美就會多很多。

3. 在糾纏後勝利。細節中胖與瘦的動能會糾纏不清，人生很多事都是糾纏在細節中，談判是，做生意也是。沒有糾纏的過程，結論或勝利就不會來到。怕麻煩的人減重不易成功，不夠謙敬，也沒有精打細算的訓練。小過卦可以訓練我們糾纏的功夫，是勝利的必經之路。

4. 不要患大過。小過的另一個功能就是教人避開大過。要提前危機處理、即時止血、隨時離開大敗的環境。所以貪快的減重、英雄式的減重、引發自暴自棄的減重，都是小過卦要避免的。

請大家記住，用細節減重，在最微小處勝利，在糾纏不休的減重過程中，每天享受愉悅的細節吧！

師卦。帶兵作戰

地水師
我學會用群眾的力量稱王，用單一的紀律號令千軍萬馬。

師卦000010，此卦的結構，第二爻是唯一的陽爻，其它是陰爻。這是帶兵作戰的卦，用唯一的紀律和使命，集合眾多的勇士來取得勝利。我們不是帶兵的將軍，如何執行師卦的智慧？我們或許沒有千軍萬馬，但我們有一定的親朋好友、有家人、社團、群組、死黨，還有各種專家，如果可以**動員組識**這些人成為我們減重成功的軍隊，減重會變得像在作戰一樣，不是嗎？

師卦也可以用在**時間管理**上。譬如我們計畫用兩個月來減重十公斤，每天、每周、每個月，每一段時間都是一個連、一個旅、一個師，幫我們贏得勝利。所以師卦的作戰，一方面可以管人，一方面可以管時間。師卦說「師出有律」，用紀律來管理軍隊的每一天，貫穿時空，就是使命必達的紀律。**習慣也是師卦**，習慣是長久累積養成的，好習慣、壞習慣都是，都是師卦。好習慣是吉祥的，壞習慣就是大凶，這是為什麼壞習慣這麼可怕，讓人難以自拔，因為它是我們用長時間串起來的狼虎之師。

爻辭

師出以律
我用如一的律令貫穿萬軍。

在師中、王三錫命
統帥三軍要居中深入，武力是國家安危的關鍵，我再三叮嚀不可輕遠。

師或輿尸
帶兵作戰，我必須面對可觀的犧牲。

師左次
我作戰不只用正面攻擊，也迂迴用勢。

如何用師卦來幫助減重？

1. **要服從作戰勝利的紀律。**作戰攸關生死存亡，不能開玩笑，所以紀律變得無比重要。只要有生死攸關的想法，紀律的執行就理所當然。把減重的好習慣養成，準備與變胖的壞習慣作戰，一定要奉守紀律來減重。

2. **要動員可以幫我們作戰勝利的全部力量來作戰。**單打獨鬥不容易戰勝自己的壞習慣，多找親友的幫忙，找專業的團隊幫忙，找營養師諮商，無所不用其極的動員起來作戰。

3. **要站在三軍的最中央來指揮作戰。**《易經》說「在師中」，用中道來作戰，靈活調度，維持良好的平衡感，即使不能每天都大勝，也要能大勝小敗，逐漸往成功前進。

4. **要知所犧牲。**勝利的過程一定會有戰士的受傷陣亡，長時間減重過程，一定有必須犧牲的日子和痛苦的內容，這是求勝的代價，要有壯士斷腕的決心。

記住，不要單打獨鬥，不要破壞紀律，壞習慣就是用師（習慣）來戰勝我們，現在換我們用師來戰勝它們！

長子帥師、弟子輿尸

我嚴守軍隊的階級上下，唯有上下一心，分工用命，才能常勝。

大君有命、開國承家

我善於用兵打戰，然後無敵於天下，用此保家衛國。

比卦。得道多助

水地比

用兵殺敵不如用外交結盟，
我用互利親比，像萬能膠連結了萬邦。

比卦 010000，此卦是交朋友，與人結盟，連結眾多相關的助力，用最簡單的口號統合天下的歸依。比也是「類比，對比，比較」，心智用符號把相關的事物串連起來，讓它們成類、成對，不再孤苦無依，文學上也經常運用，像詩的隱喻、關連、對偶。心智更是用比卦來產生眾多的意義，因為比卦的靈活應用，心智統治了人生的意義、價值觀、七情六慾。如果說，師卦教我們帶兵作戰贏得勝利，那麼比卦教我們的是合縱連橫，遠交近攻，最後用結盟外交來贏取勝利。現今世界上的國家，比卦的應用更多於師卦，國家要參加各式各樣的親比結盟，像歐盟、北約、一帶一路、世貿、東協、聯合國等，才能在強勁的競爭中存活下來。

如何用比卦來幫助減重？

爻辭

有孚比之
我與盟友先有互信，而後有結盟。

比之自內
我先向內尋求盟友，先求自己有一個統合的心，進而統一天下。

比之匪人
必要時我會與匪類結盟，結盟的境界才能無遠弗屆。

外比之
我向外尋求親比，因類而

1. 要先研究敵人的比。那些讓我們變胖的邪惡聯盟就是比，它也許是幾種壞習慣的組成，也可能是一堆龐大的惡勢力環境，鼓勵人任意的吃喝玩樂，讓人忘記健康才是最需要珍惜的。的確，減重之敵，不止是多吃、懶動這兩種壞習慣，還是各種壞習慣、損友、壞思想、壞潮流的集合。唯有認識它們，研究它們，才能瓦解它們。

2. 外比，開始向外結交幫助減重的盟友。運動健身的群組、才藝學習的群組、身心靈淨化的群組、簡食主義的群組、三高防治的團隊，各種減重資訊的交流，統合他們，與其結盟。

3. 內比，就近取得幫助。親友家人以外，自己永遠是自己最親密的朋友。我們的心中藏有很多減重的朋友，就是重視養生健康和淡泊食慾的智慧，常常聆聽他們的話，隨時抵抗貪食宴樂的誘惑。

4. 顯比，用最顯著的對比（口號或座右銘）來串連減重的身心靈，粉碎邪惡連盟。記住，這個口號一定要對比強烈，可以瞬間壓制敵人！有位病友說，她母親因為肥胖而罹患糖尿病，洗腎治療之後沒幾年就去世了。自此之後，她告訴自己，「減重，不然洗腎去」。從此，她沒有再胖過。我們的心和身體是一個國家、一個聯盟，統治的好壞就看我們用「比」的功夫，減重也是。

比，類比也，既相同又不同，萬物皆類比。

顯比、王用三驅

我用最顯著的對比統領萬邦，用最顯眼的旗幟帶領眾人，不用包圍強迫的方法，盟友因此心悅誠服。

比之無首

想結盟找不到首領，變成烏合之眾，凶。

☵

坎卦。

垂直交錯，乘法運算

坎為水

我用垂直交叉的線學習維度與原點，用乘法探索人生

爻辭

習坎，入於坎窞

我深入重重的困難無法自拔。

坎有險，求小得

我來到十字路口，四方的車流爭先恐後經過，讓我過馬路時險象環生。

來之坎坎，險且枕

我用各種危險當作防禦，讓敵人無法攻擊，我也可以高枕無憂。

坎卦010010，此卦的結構剛好是師卦000010與比卦010000的相加，一如小過卦的結構是謙卦與豫卦的相加。師卦教人帶兵作戰，比卦教人交友結盟，兩者如何相加呢？不難，強大的國防與靈活的外交並行，一點也不難，甚至還可以互相幫助。自古對坎卦的理解都偏負面，說它是最困難、最凶險的卦，是難上加難，坎中有陷的凶卦，我認為不然。

坎是內外皆水，也是水乳交融，互相學習，把對方的困難變成自己的簡單，彷彿交錯的兩條道路，車流在十字路口停下來，然後依次輪流通過。所以坎卦是十字路口，是南北與東西交錯，看似互相阻擋，卻是彼此交錯通過的一個設計。就像作戰與外交，仇敵或盟友，看是相反相逆，事實是相生相得。

在幾何學上，X軸與Y軸彼此垂直是坎水，垂直再垂直的交點是原點。《易經》說，就用原點來發揮它四通八達的功能吧！所以坎也是事物

交錯的原點，是奇異點，是宇宙的蟲洞，是神靈與人間交通的孔竅。

《易經》說，坎卦的十字路口充滿我們日常的生活，譬如替人樽酒時，加一點酒但不要一次加滿，加與減的心意同時出現，變成了細緻的調節功夫，是「坎」。又如治絲的功法叫納約，用絲線綑綁自己，用打結纏繞把自己治理整齊，用困難約束彼此而創造出有秩序的樣態，也是「坎」。唱歌用樂器伴奏，太大聲是干擾，小聲一點就變成幫忙，也是「坎」。

如何用坎卦來幫忙減重呢？

1. **找回原點**。在變胖的路上走太遠了，有時找不到原點，比如說，在孩童時（原點）就開始變胖，身體也不可能回去，怎麼辦？身體回不去，但智慧可以！靜坐一下，回想自己變胖的歷史，一定可以找到變胖的關鍵點，也許是一個創傷、一個失望、一個憤怒，整理一下，治療它們，然後開始減重。

2. **創造一個新的原點**。如果變胖的路是南北，就往東西走，從開始向東西的那刻，原點就在我們的腳下，因為這個點就是一個新的十字路口。變胖再邪惡，也有它的歷史和必然，是一個強大的自

樽酒，簋貳，用缶，納約

自牖

我在日常生活中練習用坎，替人樽酒的動作中，我既是進酒，也同時節制，叫樽節，在竹籃中加了更小的竹籃，讓收納的東西可以分類分層次，在唱歌時用缶伴奏，增加了音樂的維度，用一部分的絲綁住大部分的絲，用打結來整理自己，打結就是線與線的用坎。

坎不盈，祗既平

我練習負負得正的智慧，坎就是不盈，坎不盈是坎的相加，反而變成沒有滿盈的坎，沒有不平息的怨恨。

我，要用師卦和比卦去戰勝自己也沒那麼容易。大家不妨站在十字路口來談談，要戰、要和得有個說法，折衝磨合，變胖聯盟就不再無敵強大了。

3. **治理變胖的自己**。變胖聯盟一定也有它的弱點與矛盾，利用這些弱點與矛盾來弱化它，像治絲，讓它自綁自綑，再收拾它們，兵法叫「反間、策反」。

4. **垂直思考**。活在南北而思考東西，叫垂直思考。變胖是敵人，將變胖視為是朋友，就是垂直思考。用敵人的優點戰勝敵人，用變胖的心來幫忙減重，是最高的兵法。曾有病人分享減重成功心得，他說自己從前很愛吃美食，一直變很胖，令他很生氣。有一天，他自我進化，開始把食物含在嘴裡很久，讓它由很美味變無味，然後吐出不吃，沒多久，終於找回一個會賞味而不變胖的自己，從此再也沒有肥胖過。真正會賞味的人不會變胖，如果會變胖，趕快回到原點吧。

係用徽纆，寘於叢棘，三歲不得

我學習水乳交融，在困難中尋找簡單，但是我的急躁不成熟讓自己陷入重重險境。

大過卦。

用極端對抗極端

澤風大過
我用極端的對比，
追求空前絕後的人生。

大過卦011110，此卦的結構是坎卦010010加上小過卦001100，是一個很重的卦，四個陽爻在中間，上下各一個陰爻，也是弱上下，胖中間，所以我稱它是一個**胖子卦**。大過就是大大的超過，特立獨行，前無古人，後無來者的自我。好的一面，所有金氏世界紀錄上的人都在追求大過；壞的一面，所有大奸大惡令人髮指的行為也是大過。一百五十公分高，有一百五十公斤重是大過，我的病人，所以我也用大過的方法（胃腸改造手術）幫他減重。大過是文明進化的動能，因為它愛創新紀錄。之前談過坎卦是垂直交錯的兩條路，兩種人生觀，兩種聯盟；小過卦是最微細的飛越，最糾纏的經過，用細節來前進，兩卦相加，如何構成大過呢？

坎卦教我們垂直思考，是人生的乘法，借以尋找更高維度的宇宙。小過卦教我們細節與微觀，是人生從整數，進到分數，進到無理數，感受到實數世界無限細密的微觀。**大過就是一邊極大、一邊極小的統合**，是工藝

爻辭

藉用白茅
我常用最柔軟的白茅當底墊，承載著最重的物件。

枯楊生稊，老夫得其女妻
我常被極端不對等不相配的事物吸引，譬如最老的樹開了新芽，最老的男人娶了年少妻子。

棟橈，凶
我用的棟梁不夠強，無法支撐過重的屋子，結果棟梁彎曲折斷。

的最高、理想的最遠、私心的最貪、恐懼的最暗，也是慈悲的最廣、行為的最異、英雄的最勇。

如何用大過卦來幫助減重呢？

1. **了解自己的大過**。大過的體重一定有大過的習慣、大過的心理、大過的環境、大過的價值觀、大過的經歷。大過的身體與心理往往隱藏了強烈的自卑與超越。試著了解它，然後一一破解。
2. **了解別人的大過**。只要看得到大過，就代表心中有了調整偏差的心，他山之石可以攻錯，離開大過復歸平常就可以減重。
3. **用大過治理大過**。「冰凍三尺，非一日之寒」，治大胖有時要下猛藥，出重手。對一個不怕死的人來說，用健康的理由去勸他減重是不會成功的，因為他是英雄，用激將法或激烈的方法或許會成功，因為他們勇於冒險。
4. **減去了坎與小過，大過就不成立**。大過的心中一定有垂直思考的智慧，也有細節的執行力，也用垂直思考的方法與細心來幫助他脫困。因此，減去坎與小過，心與體重就會遠離大過回歸平常。

棟隆，吉

我用極強的梁支撐較輕的屋子，游刃有餘，日漸興隆。

枯楊生華，老婦得其士夫

我看到極端的對比也有負面，很老的婦女嫁給很年輕的男人，引起很多不滿。

過涉滅頂，凶

我冒了生命的危險，追求蓋世英雄的傳奇，貪心不足蛇吞象，害慘了自己。

頤卦。

圓形思考，顛倒常理

山雷頤

我有兩種命，一是每天要吃來養的生命，一是所有生命組成的生命鏈，我分享它的永恆循環，叫「慧命」。

頤卦 100001，此卦的結構和大過卦剛好陽陰對調，上下各一陽爻，中間四個陰爻，是擁有最大中空的卦。**頤卦像一個大嘴巴**，也是一個大圓。

《易經》說，頤就是頤養，吃東西、養生命的意思，延伸是一種慢慢轉動循環的食養鏈，也象徵我們的生命鏈、生態圈，包含**眾多生命與物質的代謝循環**。人類占有食物鏈的最高點，死後還是被蟲與細菌吃了，如此完成食養鏈的循環，周而復始。頤卦的輪迴哲學，深深影響了中國幾千年。

《易經》說頤卦也是「**觀我朵頤，捨爾靈龜**」，意思是世俗只看重美食好吃的短暫生命，而忘了修練循環不朽的靈慧生命，我稱之為「**慧命**」，它是不隨個人肉身死亡而消失的大我生命。慧命的想法，把小我活成大我，**注重環保與生態的平衡**。比起大過卦的強化一己成就，頤卦教人修習慧命與大我，追求天人合一，萬物皆我的生命觀，兩卦構成一種很美的對稱。

爻辭

舍爾靈龜，觀我朵頤，凶

我只關心短暫的食養，而捨棄了靈性永恆的修習，捨長而惜短很可惜啊！

顛頤，拂經，於丘頤

我先動後靜，先顛後頤，先拂逆後經常，先逆著經常，後學會了經常。在循環鏈與迴圈的結構中，上也是下，前也是後，經常也是無常。人生到處是迴圈，即使一個小山丘也含有無數食與養的迴圈。

如何用頤卦來幫忙減重呢？

1. **輕養口慾、重養心靈**。不再追求無止境的口慾滿足，要養大命不要只養小命
2. **注重身體環保**。養生不能只進不出，也不能長期大進小出，要有進必出。
3. **顛倒經常的想法**。《易經》說頤的更高修練是：「顛頤拂經」，功法就是顛倒一般食養的價值觀，要顛倒「吃多是福長，吃好是富貴」的食養觀，改成「簡食、修命、樂逍遙」的觀念，所以不再貪戀美食美味的人生。
4. **建立圓型思考的習慣**。雞生蛋的圓型思考就是，蛋也生雞；吃多會胖的圓型思考就是，胖也會吃多。圓型思考非常好用，萬物都在圓裡面輪轉。因為圓型，所以胖會更胖，一旦倒轉開始，利用圓的轉動，就能開始進入愈來愈瘦的人生。

拂頤，貞凶，十年勿用

生命鏈的安定是動態的，逆向的食養關係會造成生命鏈長久的動亂不安。

顛頤吉，虎視眈眈，其欲逐逐

生命的循環迴圈充滿動與靜的平衡，老虎看到獵物，靜止不立刻前去撲殺，以靜制動可減速食養鏈的輪轉，安定它的循環。

拂經，居貞吉，不可涉大川

我思考生命的順與逆，經常與無常，在迷惑未除前不冒險擴大自己的食養圈。

由頤，厲吉，利涉大川

順著生命鏈的覺知活出順逆皆宜的慧命，食養是辛苦的，慧命是值得探求的。

剝卦。

微小而甜美的結局

山地剝

我發現時間一長，東西會壞，人會變老，但是酒會變香，記憶會變美。會壞、會滅這件事讓我珍惜時間，寶貝現在。

頤卦 100001 是上下各一陽爻組成的。如果只有上爻是陽爻叫剝卦 100000，如果只有下爻是陽爻是復卦 000001。頤卦可以說是剝卦與復卦的組合。我們今天先講剝卦。

剝卦是**剝損**，**剝壞**，是事物漸漸變壞或消失的過程，也是腐壞、崩潰的結果，是直覺上不討喜，但是潛藏大用的卦。試想如果事物只會生不會死，這個世界將擠滿昆蟲和垃圾，人類也沒有好日子過。所以，**新陳代謝中，淘汰剝壞的功勞居半**。

剝卦可以累積，從最微細、我們無法覺察的剝，到明顯、我們看了觸目傷心的，都是「剝」。《易經》說剝也是「**碩果不食**」，是事物的最後到達，像修道者功德圓滿後的圓寂空白。事物經過長時間的淘汰，剩下的結果就是最後的到達。廣義來說，現在存在世界上的物種，都是經歷億萬年的剝之後的碩果僅存，都是異常珍貴的資產。用剝來看世界，用活在世

爻辭

剝床以足，蔑貞，凶

我的床有四個腳，才用壞一個腳，床開始顛跛，一點剝壞被我輕忽，變成很大的麻煩。

剝床以辨，蔑貞，凶

我把床板也用壞，床的功能全停擺，我沒有床睡覺了。

剝之無咎

我沒有床睡，還可以睡沙發，睡地板，我淘汰壞掉的床，也淘汰對床的依賴，我發現睡覺不是為了

上最後一天來看人生，自然有不同的覺醒和感悟。

如何用剝卦來幫助減重呢？

1. **減重是對變胖習慣的用剝，一點一滴的剝。**對生活中的惡習用剝，等於對健康習慣的用頤。
2. **用剝來檢視自己的日常。**胖會一點一滴的剝健康，尤其是肥胖的併發症。提早拉警報，開始減重。看清胖的剝壞無時不在，可以提醒自己要加速減重。
3. **以剝治剝，導正生活。**剝也是清理多餘和敗壞的元素，用剝可以維持生活最簡單健康的樣態，對減重來說，非常好用。
4. **食養習慣本身會自己剝。**我們過去很喜歡的事物，經過一段時間後會自然不再喜歡，這是剝的心理學。把最愛吃的食物放進嘴裡，讓它不斷刺激味蕾，先不要吞下，讓它在口中失去吸引力，然後除去了癮頭，也是精準的用剝。

回到床上，是為了作夢、休息。

剝床以膚，凶

皮膚是身體的容器，我的床壞了，連皮膚也開始壞了，剝壞無所不在，隨時發生。

貫魚，以宮人寵，無不利

時間愈長，剝壞愈嚴重，但是酒窖裡的酒愈醇愈香，淘汰剝壞，留下美麗的和局，剝也有一貫的秩序的可愛面。

碩果不食，君子得輿，小人剝廬

最大的果實是因為長久沒人吃它，現存的東西皆度過長久的剝壞考驗，我們是剝後的寶貝，我們坐上時空這輛大車活著，我們不可把自己的屋頂破壞了。

䷗ 復卦。回到原點，習慣的本質

地雷復

我勤於學習復原的功夫，用復原敦厚心性，避開迷失的人生。

復卦 000001，唯一的陽爻在下，剛好和剝卦 100000 相反。剝卦講事物的剝壞，復卦則講事物的還原再現。電影《X戰警》中的金剛狼，受傷後很快會再復原，就是復的能量。《易經》說「回家就是復」，不要離開太遠就容易復「不遠復」。減重的過程最惱人的就是復胖，而不是復瘦。

復的功法很多，除了不要離開太遠，還有多休息，叫「**休復**」；選擇中道，叫「**中行獨復**」；多練習，叫「**頻復**」；養成厚重的根基，叫「**敦復**」。

復也有壞處，就是復久了會上癮，迷失了自我，回不了家，叫「**迷復**」。所以復用在好的，是讓人不迷失；用過頭了，反而讓人迷失，真是有哲理的卦。習慣也是復，改變習慣也用復。常常使用的行為造成了習慣，所以變胖是復；回復變胖前的體重，所以變瘦也是復。

爻辭

不遠復，無祇悔，元吉

我發現只要不走太遠，回家就容易，不常去責怪怨悔，心情就容易回復平靜。

休復

我用休息來復原自己的疲累。

頻復

我頻繁的回復、重複一件事，掙扎在想改變與不改變之間。

如何用復卦來幫助減重呢？

1. 用變瘦的復戰勝變胖的復。該怎麼做？用更低的體重當目標，不斷用復靠近目標，感受復的回家感，生生不憊的努力。

2. 訂立休息時間。減重一段時間要休息，讓身心可以放鬆，準備再出發。

3. 研究變胖的復。了解變胖的心理，如何的內容，如何的頻率，破解它。

4. 任何減重方法都會先有效，後漸失效。迷與復是一家人，減重失敗有時是走上迷失的路，譬如以為減重的方法會一直有效，但其實不然，所以要隨時修正調整它。不同時期的減重，要用不同的方法，不宜一成不變的用同一種方法減。減重最初有效，一旦沒效了，也不要驚慌，研究一下變胖的復，一定可以發現新的方法。

中行獨復

我發現走中間的路，維持得失平衡，保持中立，最不容易迷失到極端，但是往往很孤獨。

敦復，無悔

我用復的功夫培養了厚實的心性，因為厚實，所以小小的打擊也不痛癢，就更容易復原了。

迷復，凶

我用復回家，但是對某事某物的喜好強化了我的復，讓我迷戀不能自拔，原來復的極端會變成迷。戰勝的方法重複太多次，變成必敗的戰法。

屯卦。

垂直思考與動靜平衡

水雷屯

我在阻力中前進，
用阻力美化前進的每一步。

屯卦010001，此卦第一與第五爻為陽爻，其餘為陰爻。屯卦的意思是往困難前進，也就是把前進的力量加上阻力，象徵萬物既流動、又凝固的樣態，譬如牙膏與血液，我們稱之為「凝體」。簡單講，屯卦一邊鼓勵人往困難前進，一邊也教人駕駛有剎車的車子。加大馬力時，也要加高剎車的性能，如此才能安全上路。由於上卦是水，代表垂直於前進的阻力，所以屯卦也有做事要先計畫，先畫出經綸垂直線，好比君王建國之初的封建諸候。

屯卦是一個復卦000001加上一個比卦010000的組合，象徵前進時不斷回到原點（復），同時繞著中心思想前進（比），好像地球繞著太陽，不遠離，也不會靠得太近，離心力與向心力維持平衡，也比喻事物保持最適當的冷熱度。

爻辭

盤桓

既前進又沒前進，因為我內心的猶疑與外在的阻擋太大。

屯如邅如、乘馬班如、匪寇婚媾

我在困難中雜亂前進，在危險中胡亂結緣，真是莽撞。

即鹿無虞

我進入森林獵鹿，尋找目標卻無嚮導，比喻在黑暗中摸索前進。

如何用屯卦來幫助減重呢？

1. **往困難的方向前進。**最難的方向就是自己的心，因為那裡有很多固執和迷思，貪吃、好聚歡、自艾自憐、自大、自閉、鬆懶，而改革它們就是往最困難的方向前進，減重要成功唯有往最難的方向挑戰。

2. **要踩著剎車前進。**用螺旋迂迴的方式前進，確保每一步都安全穩固。太快的前進會翻車，會受傷，欲速則不達。

3. **抱著中心思想前進。**吃美食的心情與減重的心情，彼此矛盾相爭，但是一定有可以統合二者的思想，就是健康的體重。既可以享受美食，又能維持好身材的智慧，中心思想就是不要愚蠢的變胖，要智慧的瘦活。

4. **訓練動靜有韻的美感。**善用動靜的控制，可以把前進美化。在減重過程中，設計一套有韻律美感的減重方法，把每天減重的行動變成有優美指揮的交響樂演奏，周而復始，讓人激賞。

乘馬班如、求婚媾

我在困難中前進，持久不退的熱誠感動了對方，終於結成善緣。

屯其膏

萬物的本質像我的牙膏，呈現流動前進，與凝結不進兩種力互相平衡。

乘馬班如、泣血漣如

太多馬的馬車容易失控，流淚成血流不止，動靜失衡，大凶。

蒙卦。了解自己的內心

蒙卦100010，此卦的第二與第六爻是陽爻，其餘為陰爻。蒙是蒙昧不清，疑問重重。蒙卦的意思是以問求答（發蒙），以答止問（擊蒙）。簡單的說，心的智慧就是用一問一答建構起來的，我們的心智從小也在一問一答中成長。所以蒙卦說，問與答是開拓無限智慧的利器，在蒙卦的問訊之下，我們的問題都會攤在陽光下，只要坦誠以對，蒙卦可以帶給我們真相及真理。

蒙卦是師卦000010與剝卦100000的組合，師卦是作戰的兵法，剝卦是事物最終的樣子，所以蒙卦也是心智的兵法，用問答的作戰得到最後的結局。延伸來看，我們用一大群問題進行正反辯論，最後得到結論。從大規模的辯論到休兵的結論，就是蒙卦。偉大的問題，導出偉大的答案，勇於向自己問偉大的問題，我們的心就回報我們以偉大的智慧。

山水蒙

智慧來自學與問，我在疑問中求知，在已知中求疑。

爻辭

發蒙

我不停的發出不懂的問，如審問犯人來明辨罪責。

包蒙

我心中包納許多問題，雖一時無答案，存疑的心讓智慧日日精進。

見金夫、不有躬

我忽視問題，不認真思考解答，是心的最大蒙蔽。

困蒙

我被各種問題蒙蔽包圍而不知所歸。

如何用蒙卦來幫助減重呢？

1. 勇敢向靈魂發問，「為什麼我會變胖？」開始會有一百個答案，只要有一個真的答案，就得到一點進步。從探知敵營靈魂的最弱點下手，往往最容易戰勝。

2. 用不同的答案減重。不同時期的胖，會有不同的問與答。比起只用一種答案減重，透過不同時期的答案來減重，成功的機會更高。

3. 對美食的好奇心會破壞減重的計畫。蒙是好奇心，也是求知欲，蒙卦的「問」是心靈的探索。將這種好奇心用在追求美食的滿足，就會造成減重的阻力。其實變胖的心，往往處於半清楚、半迷糊的狀態，或半矛盾、半合理的情境。胖是矛盾，也是合理。合理的部分就是對美食的探索，但對減重的目的來說卻無益，因此要謹慎處理。

4. 知敵者勝，知己者不敗。把好奇心放在減重成功的人身上，會發現很多新奇的道理和心法，有時只是一念之差，有時則是尋得貴人相助，有時是一次警醒、一次頓悟。蒙卦告訴我們，迷糊多的心會失敗（困蒙），清楚多的心就會成功。

童蒙
我充滿好奇而不怕發問求解，純淨之心如孩童，豐富了我的學習人生。

擊蒙
我積極擊退蒙蔽，在學問中靈活攻防。

隨卦。

跟著眾多與誘因

澤雷隨

我用跟隨與模仿保護自己，
用行動獲取快樂與讚美。

隨卦 011001，此卦的結構是屯卦 010001 加上一個豫卦 001000，就是屯卦多加第四爻的陽爻。隨是跟隨，走跟別人一樣的路，學別人的樣子做事；是模仿，是跟著最大的群組、最大的誘因前進。屯卦教我們向困難與有阻力的方向前進，豫卦教我們往最簡單的方向前進，兩者的折衝就是順著難易的變化來前進，就像我們隨著天氣的冷熱來增減衣服一樣。

我們一生會有很多難易變化不定的經驗，因為難或易有心理的主觀因素，也有環境的客觀因素，不管是何種因素，都會變化，隨著時間變、隨著智慧變、隨著緣分與際遇變、隨著誘因與需求變。人的行為本來就是隨著阻力與誘因兩者的平衡來前進，最後結果多半由眾多因素決定。隨，就是權衡各種困難之後，找到最容易的方向，是「行難而易」的心法。

如何用隨卦來幫助減重呢？

爻辭

官有渝、出門交有功

我入境隨俗，多走動訪問地方，隨情改變我的管理辦法。

系小子，失丈夫

我跟隨最好的選擇，選擇都有兩難的得與失。

系丈夫、失小子、隨有求得

我的跟隨技巧進步了，得多了，失少了。

1. **要跟隨最大的誘因**。把減重最大的誘因找出來，跟緊它，或許它是美麗、健康、幸福自信，但這些都不夠強大。要把誘因做大，譬如和自己下一千萬的賭注，或是應許自己一次歐洲旅行，或當眾公告自己的計畫，失敗要接受眾人的嘲笑，或任何可以一拳打死胖習慣的誘因。

2. **隨是有選擇的**。跟隨甲就必須離棄乙，這是隨的必然，有得必有失，所以每次的隨都會有疼痛感，因為有所犧牲，但是經過練習，痛感會減低。當痛感消失時，也是減重成功時了。

3. **要隨緣減重**。每次的用餐都是一次緣試，吃多了就是與胖結緣，吃少了就是與減重結緣。每次多咀嚼十下是容易的緣，整天都不吃一口來絕食是困難的緣。隨緣減重要選身邊容易的緣，再大的困難之中，我們都可以找到容易的緣與隨。

4. **要隨眾減重**。一個人減重太孤單，容易半途放棄，一群人減重，大家彼此鼓勵打氣，減重就變容易。所以要隨會減重的眾，不可隨會變胖的眾，眾人間的互動就是會彼此影響、帶領、模仿、鼓勵的隨眾。隨眾，就找到容易；失眾，就陷入困難。

隨有獲、有孚在道、以明

我跟隨潮流，模倣大眾，藉此避開凶禍，但也小心不隨波逐流自陷泥淖。

孚於嘉，吉

我跟隨讚美，也讚美眾生。我活在讚美中，也讚美活著的每一天。

拘系之，乃從維之。王用亨於西山

我不用綑綁的方式跟隨，心的跟隨不怕距離遙遠，祈禱、讚美神，是心靈最大的跟隨。

蠱卦。挑戰自己，淘汰惡習

山風蠱
我挑戰前人的紀錄，
也傳承了前人的挑戰。

蠱卦 100110，此卦的結構是一個蒙卦 100010 加上一個謙卦 000100，也是蒙卦多加了第三爻的陽爻。蠱卦與隨卦互為相綜，方向倒轉，100110 與 011001 的交換。隨卦講跟隨大眾與誘因，蠱卦則講淘汰競爭者，把自己變成不敗的王者。

蠱是古代的巫術，把百種毒蟲放進一甕中，任由它們相咬食，最後只有一隻毒蟲存活勝出，即稱之為「蠱」。所以蠱是最激烈的競爭與淘汰，是彼此不相容的鬥爭，是擂臺上的大混戰，用最亂的混戰產生最後的秩序；用叛逆的開始，產生順從的結局。

蒙卦告訴我們要勇於發問與尋找答案，遠離自以為是的蒙蔽；謙卦告訴我們要謙敬，用提高願意的高度，融入眾生的平等。兩卦的相加就是用謙敬的高度在蒙蔽的廣大眾生中不斷勝出，直到競爭者都肯定自己的能力，再也沒有懷疑的對手。

爻辭

幹父之蠱，有子考，厲終吉

今天我傳承父親的家業，以後兒子傳承我，都充滿辛苦的挑戰。

幹母之蠱

母親也要我傳承她的家業，引來外戚宗親的紛爭不斷。

幹父之蠱，小有悔，無大咎

我既傳承又挑戰，嚴厲要求下，父親說挑戰美化了

心智的問與答很像武林高手的對招，問是攻擊，答是防守，這是蒙卦的戰爭。眾人在擂臺上進行殊死的淘汰賽，直到武林盟主得到最後的勝利，這是蠱卦。兩者之間都有廣度與高度的交換，就是謙卦。謙卦教我們接受眾生懷疑的挑戰（廣度），然後把自己的成就（高度）分享給眾生的未來，正是蒙卦與蠱卦之間的相關。

如何用蠱卦來幫助減重呢？

1. **進行自我淘汰賽**。把過重當成過去的自己，把減重後的自己當成勝利者，每天都把昨天的體重打敗，不斷往最後的冠軍前進。
2. **和別人的體重比賽**。把自己最討厭的人，又比自己輕的人當對手，進行無聲的比賽，直到戰勝為止。
3. **和最會減重的人比賽**。減重的廣告到處都是，研究它們的優劣，找出可以致勝的戰略，挑戰它們，用自己研究的方法擊敗它們。
4. **用叛逆的精神戰勝自己的叛逆**。戰勝那些讓自己變胖的叛逆。肥胖的過去一定有自我背叛的內容，著手整理、釐清它們，然後戰勝它們，這是以蠱勝蠱。

傳承。

裕父之蠱

我不認真傳承父親的工作，我另起他業，家業被荒廢了，但是我傳承了父親的風骨。

幹父之蠱，用譽

我傳承家業有成，得到讚美與榮譽，我發現傳承的本質是讚美與榮譽，不只是家業。

不事王侯，高尚其事

比起作官獲取功名，我發現傳承家業，建構自家傳統的高山，更有悠遠的意義。

鼎卦。食養文明的迷思

火風鼎

我學習烹飪人生，
從實用到虛華，從原始到文明。

臺灣的**鼎泰豐**餐廳大家或許聽過，是連日本人都瘋的名店。鼎卦101110，就是講烹飪美食的卦，由蠱卦100110再加上豫卦001000組成。鼎卦說文明的建設如烹飪美食，一方面挑戰最高的成就（蠱），一方面找到更容易的生活方式（豫）。

鼎卦告訴我們一件事實，食養從來就是文明的最高價值之一。幾萬年來，人類莫不在吃的美好與吃的健康上不停精進，很多文明的成就或生命的幸福，都表現在如何吃得更美好與更方便上。因此，當文明愈發達，變胖的誘惑就愈多，減重也會變得愈難。

近年來，由於環保與養生的觀念風行，食養文明的方向不再鼓勵隨意多吃。新的潮流反而是教人簡食、平衡營養、吃出健康，在追求美味的同時，也要注意不吃出毛病來，好比說，變胖就是吃出來的毛病。

爻辭

鼎顛趾，利出否，得妾以其子

鼎有三趾，一趾不同長即會造成顛跛，我利用修正鼎趾的長短把穩固加強了。我因為不嫌棄婦女有前夫的孩子，得到此女的下嫁。我用化顛助鼎的管理學，建立鼎盛的事功。

鼎有實，我仇有疾，不我能即，吉

我用厚實的成績封住改革派批評的嘴巴。

如何用鼎卦來幫助減重呢？

1. **建立食養的新價值觀。**成為一個富貴之人，不是為了讓自己能無限量的吃多、吃胖，而是要健康、有幫助人的能力。不要被社會上諸多食養的文化所誤導，而迷失了生活的目標。

2. **要吃好吃巧，而不是吃多吃快。**選擇烹飪的方法，讓自己不再是暴食與隨便吃的受害者。要從狼吞虎嚥的吃法，進化到細嚼慢嚥，賞味慢食的吃法。

3. **不把吃東西當成最便宜的心理安慰劑。**沒有比健康更寶貝的事，要是因為吃胖而得病，反而要付出昂貴的代價。只有吃出健康，才是文明的進化者。

4. **用心烹煮自己的生活。**「治大國，若烹小鮮」，烹飪術可以治國，也可以治理我們的生活。會把自己吃胖的生活一定不是什麼美食，也不是什麼高明的烹飪術，吃不胖的生活才是神廚之藝。

鼎耳革，其行塞。雉膏不食，方雨虧悔，終吉

鼎耳朵被改革派破壞了，烹飪的美食改革派不食，等淋到雨水了才說後悔。建設的同時我迎接必要的破壞。

鼎折足，覆公餗

我沒有好好處理破與立的對抗，鼎足折斷了，裡面的美食也翻覆了。

鼎黃耳金鉉，利貞

我的建設更上一層樓，我的鼎裝上黃金的耳與鉉，美不勝收。

鼎玉鉉，大吉

我用美玉作鉉，鼎的價值不再是它的實用性，而是它的藝術性，代表人類工藝創作的極致，無價。

革卦。

改變失敗的過去

澤火革

我用更好來改革美好，
用改變檢驗不變。

革卦就是**改革**、**革命**。用美麗的想法，進行革除舊惡的工作。革命太凶，但是革除壞習慣不會。革卦是改變的智慧，而改變自己是天下最偉大的事。革卦 011101 是除舊更新，它分拆的結果，是隨卦 011001 再加上謙卦 000100 的組成，即說改革是用謙敬的心跟隨大道。什麼樣的大道？就是健康與美好的大道，讓自己不再受困於惡習的長期破壞。

改變有很容易的，也有很難的。改變自己很難，改變不了自己的人，往往會陷入自卑無助的情境，甚至怨天尤人，頑固而逃避。找回謙敬的心，跟隨健康的路，改變會開始不一樣。改變發胖的習慣是難的，所以要用到謙敬的心，要跟隨眾多的誘因，用大眾的影響力來幫助自己成功。改變是一件很奇妙的事，有時很自然容易，有時難如登天，有時一念之間，有時一生煎熬也不得其門而入，甚至繞了一圈又改回原點。

《易經》說：改變要像老虎一樣威猛（大人虎變），像豹一樣迅捷

爻辭

鞏用黃牛之革

要將美好的部分鞏固長久，我用即時的變革清除不美好的部分。

己日乃革之

改革不是說改就改的容易事，我思考了五天，到第六天才開始行動，因為反對改革的力量有支持改革的五倍多。

征凶，貞厲。革言三就，有孚

人性善變又害怕改變，改

（君子豹變），像牛皮一樣堅韌（鞏用黃牛之革），而且要屢敗屢戰（革言三就），或許可以成功。而改革在小人來說是反覆無常，瞬間變臉的本質（小人革面），是騙子們輕鬆的謊言，是減重成功的最大敵人。

如何用革卦來幫助減重呢？

1. **隨時減重，說改就改**。不要說要等到什麼時候，什麼條件下才減，這都是浪費時間的藉口。
2. **請重量級的人士來幫忙**。藉由他人有效的監督或主持減重計畫，讓自己不敢怠慢。
3. **要屢敗屢戰**。無法一次成功時，就改變戰略，一次又一次的戰鬥，直到成功。
4. **把減重當終生志業**。即使減重初步成功了，也有再復胖的可能，所以改革是一生的志業，胖的惡習也會捲土重來，所以一定要隨時提高警覺。

革或保守，實力相當，我沒有必勝的把握，不如先廣宣改革的理念，強化改革的信心。

悔亡，有孚改命，吉

我用信心滿滿對抗後悔不已，用改革迎新對抗傳統守舊，我用信心改革後悔的命運，不教後悔改變我的信心。

大人虎變，未占有孚

我立志發動大規模的改革，就像一隻威猛的老虎瞬間震懾整個森林，不讓反對者有任何僥倖之心。

君子豹變，小人革面

我學習君子的才思敏捷，推行改革像豹的迅捷，同時防範小人的無情變臉。孫悟空會七十二變，改變可降妖除魔，為民除害。

大有卦。

多元資源

大有卦是最大擁有，代表事物與想法的豐富多元，像博物館或百貨公司，累積眾多，應有盡有。《易經》說：「天祐大有」，意思是老天爺喜歡大有，不喜歡貧乏，喜歡創造豐富的物種，不喜歡寡占的單一。

大有是天上有火，就是天上的花朵，不是一枝或一種，而是數不清的多。把大有卦 101111 分拆，是鼎卦 101110 加復卦 000001 的組合。鼎卦講文明的建設，復卦講不斷的重複再現，三個卦的關係即是：多元豐富是文明建設與不斷修復的結果，也是說大有卦的豐富多元，是復卦一邊不斷重複，也是鼎卦一邊不斷求新求高所努力創造出來的。我很喜歡大有卦，大有卦告訴我們，心要相信大有，每一個問題都會想出一百種解決的方法，只有心胸開闊，群賢會如百川歸海，紛紛來歸順幫忙。

肥胖者會變胖的理由就是大有，五花八門，無奇不有。每個人的變胖原因都不盡相同，需要很細心去了解與分類，才能抓到真正的重大因素。

火天大有

我學習由一演化出大數。

爻辭

無交害
我不怪罪禁制不同的言論想法，是大有的開始。

大車以載
我用更大的車子，更大的舞臺來承載更多元的內容，是大有的前進。

公用亨於天子
我用祭祠與祈禱來提升作人的格局，加大人生的想像空間。

也就是說，變胖的深層原因像個人的密碼，絕不是簡單的好吃懶動一句話可以說清楚。因此，減重的方法也應因人而異，不能一成不變，否則往往過程痛苦不堪，也容易失敗收場。以多元的分析與考量來減重，一定會有更好的接受度。

如何用大有卦來幫助減重呢？

1. **了解多元的自己，養成多元思考的智慧**。不要把自己批評的一文不值，要適當肯定，才能整理出自己多元的變胖因素，然後訂出最適當的減重計畫。
2. **多試幾種方法**。失敗的原因不會只有一種，成功的方法也不只一種，相信多元，多試幾種方法。減重在大有卦的能量下是無奇不有的嘗試，只要多嘗試，天無絕人之路。
3. **減重的雞尾酒**。只用一種減重方法，久了就失去的動能，要多元減重，像調雞尾酒，找出最好的成功組合。
4. **淘汰有害無益的減重方法**。多元的缺點是良莠不齊，所以要仔細篩選，去蕪存菁。

匪其彭

我接受我厭惡的人事物，異類的存在讓大有更發達與盛。

厥孚交如威如

天的強大與火的美麗做了交換，兩者建立了誠信的關係，大有之心交孚不交害，自由世界因此更富麗堂皇。我不給人生標準答案，所以人生美不勝收。

自天佑之

上帝創造人多樣的心思與品類，甚至容許人心不信祂也無所謂，我相信上帝喜歡品類繁多，自由發展。

同人卦。與人同心

天火同人

我在大數中尋找同一。

爻辭

同人於門

我打開封閉的門，尋找同人志在四方。

同人於宗

我與宗親同人是小同，有違同人的精神，不可因小同棄大同。

伏戎於莽

在同與異的作戰中，我用游擊戰代替正規戰，用耐心等待面對當權的強敵。

同人是求與人同，尋找同志，一起奮鬥成功。同人是革命成功之前的聚集少數，也是革命之後的統一與大同。同人的敵人是強大的現狀與既有的慣性。同人卦 111101，是革卦 011101 加上剝卦 100000 所組合而成，意思是不停的改革，不停的去異求同，直到止於至善。

變胖的理由雖然很多元，但是一個人的變胖原因會比較簡單；減重的方法雖然很多，但是體重的加減結果指標只有一種；改變自己很難，但是把想減重的眾人集合起來，大家互相鼓勵，難度就會減低；美食的誘惑很強大，但是同志一起來克服它，就不會孤單微弱。一邊是多元的減重同志朋友，一邊是同一的減重目標，這是一件事的兩面，靈活應用，得道者多助，同心者斷金。

如何用同人卦來幫助減重呢？

1. **尋求同志，朋友，知己。**向外集合同人的能量。減重的同人與肥胖的同人是不一樣的群組，聚集減重的同志，離開發胖的同志，減重自然容易。
2. **把自己的想法化同。**向內統合整理想法，不再有減重的迷思，不再存在反叛的想法，專心一意的減重，不再有異想。
3. **不與損友同人。**同人有時會限制自己的格局，只找會贊同自己的人當朋友，排斥忠言勸阻的友人，最後忠言逆耳，把自己隔絕在一小群失敗者身上，減重就遙遙無期了。同人的目的是減重，不是替失敗找應聲蟲。
4. **和最遠的同志連絡（同人於郊）。**和最不熟的人交往，如此同人的能量更大，因為遠，所以可以客觀建言；因為不熟，所以會看到明顯的缺點來提醒我們。

乘其墉，弗克攻

同人攻而不勝，不如躲在箭垛後，守而養息。

同人、先號啕而后笑、大師克相遇

我發現哭與笑既相反也相似，認同與分異也是。天與火同人，天與火也作戰，現實與理想之間也是。同人為了除異，除異為了同人，循環不已。

同人於郊

我在荒郊野外同人，這是最辛苦的同人，也最難得。

小畜卦。

從小處累積成果

小畜卦的結構是天上有風，白話文的意思是：天的強大，依靠它隨機變化的本質，天道就是用最小的機變累積成最大的必然。小畜代表事物不斷變化的本質，沒有一定的形質或道理，只是眾多機率累積後的發生，像天氣、像靈感、像運氣、像突變的事故。

小畜卦說，萬物的養成都是由小處開始累積，慢慢形成的，像物種的演化，是累積諸多突變後才成功的。所有的創新與學問，都是靈感與見解的堆積而來的。另一方面，小畜卦也告訴我們，或然與必然是相連結的。很多事情的發生一開始是機率，就像某天會不會下雨。但是許多的機率累積久了，就顯現了一定的必然，這是量子物理的基礎，**必然是機率與變化的累積**。

小畜卦的結構 110111，是豫卦 001000 的相錯卦，即陽陰爻互換。所以都有從小處下手的能量。

風天小畜

用積小來成大，我成大是因為我不拒絕積小。

爻辭

復自道

我用最微小的累積來增益本我的厚實。

牽復

我用最小的牽移來復原不移。用牽幫助復，用復等待牽。

夫妻反目

是牽還是復，至親如夫妻也有爭吵之時，突顯天機的突變無常。

如何用小畜卦幫助減重呢？

1. **用累積的方式減重**。胖與瘦不是一次的突變而來，而是累積數個月或數年而來的差異，所以要減重，同樣需要每天累積的成效。每一口食物的取用，每一餐的抉擇，都可以往減重的目標前進。
2. **從小習慣著手**。有時候想法需要突變，就是尋找靈感。大習慣很難改，但是改小習慣不會：不要吃到飽，不要吞太快，不要用飲食犒賞自己，不要常常萌生吃大餐的想法。
3. **相信自己的好運氣**。減重有時要靠運氣，運氣其實是一種尋求成功機率的智慧。雖然說恆心與毅力很重要，但是運氣永遠是一個因素。好運的人容易成功，所以祈禱拜拜也有用，**心誠則靈**，天使菩薩就會來指引。
4. **尋找人生的貴人與天使**。貴人與天使也是小畜，因為可遇不可求，但是真正的祕密是：貴人與天使是可求的。貴人與天使在書中、在社群網站、在虔敬的日記、在親友的祝福，認真去找，貴人與天使自然會出現。

有孚、血去惕出、無咎

靈感或突變來時沒有一定的面目，像來孕、像排毒、像淡然如風的心思，緣起緣滅。

有孚攣如、富以其鄰

積小信而大信，像左手契合右手，致大富始於與鄰居的交誼。

既雨既處、尚德載

密雲必雨，密雨必止，小畜鼓勵交換，大德鼓勵承載。

履卦。

選擇的智慧

天澤履

我擇善而能安全到達目的地，我膽大心細，走出自己的天命與王道。

爻辭

素履

我常走習慣的路。

履道坦坦

我常走正當容易的路。

跛能履

在缺陷不足中，我保留最重要的功能，即使跛了也可以行萬里路。

履虎尾，愬愬終吉

我小心敬慎，雖然履險也終能安全過關。

履卦說人生是選擇出來的，是自由意志的決定產出的，也是經過上天篩選勝出的，就像「物競天擇」，只有最適者才會成功存活下來。所以說，履卦是人生的演化論，一方面我們選擇我們的人生，一方面神也決定我們的人生。看似矛盾，其實不然。人生的一部分自己可以選，某一部分不行，而履卦的智慧就是把自己可以選的部分加到最大。

履卦的結構 111011 與謙卦 000100 相錯，陰陽爻互相交換。謙卦講用謙敬的心來前進，履卦則說用小心與智慧來前進；謙卦用自己的高度換得眾生的廣度，把自己變矮但是變廣、變穩、變安定，任勞任怨的前進；履卦則用選擇把廣度變少，因為選項變少，所以可以更專心前進，最後走上唯一的王道；謙卦用廣度來增加安定，履卦則用減少選項的廣度來達到專一；謙卦貼近地平面，所以不易跌倒不滿，履卦小心排除分心與雜意，所以專心果決。謙卦與履卦看似相反，其實助人成功的目的是一樣的。

如何用履卦來幫助減重呢？

1. **練習正確選擇的力量。**變胖或變瘦是一種選擇，在可以自己決定的範圍內，作出正確的選擇。《易經》說，人性往往先選熟悉的（素履），就是習慣，不然就是選容易的（履道坦坦），就是貪懶，做改變就是做不一樣的選擇，等到選正確了，就不用再選擇，即可專心聚焦的減重（夬履）。

2. **選昂貴、不選便宜的。**健康與減重是昂貴的，貪一餐的飽食是便宜的。導正自己錯誤的選擇開始會很難，但漸漸會變得容易。

3. **回頭是岸。**《易經》說，如果能回頭看自己走過的路，即時改正它，這是最大的吉祥（其旋，元吉）。一旦發現走錯路了，就立即回頭再重新做選擇。多看自己每天的選擇，讓錯誤的選擇愈來愈少。

4. **走安全的路。**謙卦教我們謙敬而願意，履卦則教我們小心而保全。很多肥胖的人都輕忽了健康，冒極大的危險而不自知，一方面是傲慢，另一方面是愚蠢粗心，謙卦與履卦剛好可以幫忙導正傲慢與粗心，把肥胖的生活做有效的導正。

夬履

我大膽果決的做選擇，明快決定讓我成為一個自己天命的王者。

視履，考祥、其旋元吉

我用看法幫助走法，詳細研究前人的走法，走出自己的王道，走法也幫助看法，我掌握抉擇與天命的因果迴圈，不再困於因果的詭辯，是智慧最大的到達。

泰卦。

勝利的本質

地天泰

我善用美好的交換，求得興盛與健康。

泰卦 000111 的結構很特別，天在下，地在上，這是很大的反差。經驗上來說，應該天在上，地在下才對，結果把天與地反過來放，反而是我們最喜歡的泰卦。我思考這個道理數十年，總是略有所悟，又有所惑。我常想，是不是周文王在三千年前，就有男卑女尊的想法？還是有民為上，君為下的民主思想？這樣就太驚人了！

泰卦確實是很驚人的卦，三千年來，也是我們最喜歡的卦之一，因為它代表幸福與健康、勝利、欣欣向榮，生機昌旺，一切人間的美好。它也是《易經》最核心的價值，「交換」，最大的交換，最大的泰。泰卦說，人生的方向是活得健康與精采豐盛，是勝利與盈餘，是生意興隆，是通暢無阻。泰卦也是《易經》的一個根本價值，就是教人要勤於交換、交易。因為交換，所以生命有了新陳代謝，萬物開始循環不止；因為交易通暢，所以百業興旺，經濟欣欣向榮。

爻辭

拔茅茹，以其彙

我用最有效率的方法做事，如拔草用連根拔起的方法。

包荒，得尚於中行

我包容被荒廢的時空，用交換求取人生觀的平衡點。

無平不陂，無往不復

沒有平就沒有陂，沒有往就沒有復，交換帶來對稱的認知，這種解悟是人生最大的幸福。

如何用泰卦來幫助減重呢？

1. **要健康的活著，變胖是一種假的泰**。常常享受美食，看似福氣富貴，但併發三高（高血壓、高血糖、高血脂）與代謝症候群會敗壞身體。極度肥胖後，壽命與生活品質都會減低。認清胖的假象，停止過食是泰的開始。

2. **練習做最大的交換**。壞習慣的可怕是不常交換，一輩子只做同樣的事，胖就是其一。泰教人常常自我交換，改變不好的習慣，開始做不一樣的事，開始做會增進健康的事。

3. **增加新陳代謝是泰**。想要增加自己的代謝與循環，運動是必要的，吃太多的熱量而不消耗，這不是泰的做法。多流汗，少堆積，體重可以快樂的變化才是泰。

4. **快速替自己的人生加分**。泰是人生的勝利與強盛。如果人生的價值可以打分數，泰是每天用最快的速度增加分數。如果胖已經減了很多分數，就應盡快開始加分回來。泰是一種健康均衡的高分，不是只在美食享受上得高分，而其餘的都得低分。

翩翩不富

我看到蝴蝶的翩翩飛舞，發現高低的交換好美，交換製造公平與美好。

帝乙歸妹，以祉元吉

人生的割捨莫過於把妹妹嫁出去，我用最大的割捨交換最大的祝福。

城復於隍

我的高城傾覆了，復歸小小的土堆，我發現盛衰始於交換，也終於交換。

否卦。

逆境的本質

天地否

我用不交換的方法來求生，用休息換取新的活力。

否卦 111000 教我們如何在逆境中不滅亡，如何度過最危險的挑戰。

否卦與泰卦相綜又相錯，想修好泰卦，自然要理解否卦。

生命在春天時用泰卦欣欣向榮，在嚴冬時則用否卦冬眠自保。植物在逆境時也用孢子進入假死的狀態，經過悠悠的歲月，等到危機過去，再重新發芽復生。所以順境的泰很好，逆境的否更重要，前者百花齊放，後者默默冬眠，一動一靜，都是生命的必需。泰卦若是生命的旺盛得意，否卦則是生命的低調自保，一攻一守，都是生命繁衍的必需。我們用低溫的冰箱來保藏食物的新鮮，就是用否；我們在收入不好時節約開支，也是用否；我們在犯錯改過的時候，忍辱負重，低調行事，也是用否。

爻辭

拔茅茹，以其彙

我用最沒有效率的方法工作，像拔草只拔地上的莖。

包承

我用保持常態來拒絕交換，譬如只包容奉承的語言。

包羞

我用隱藏真相來逃避交換，譬如用黑暗包覆羞恥。

如何用否卦幫助減重呢？

1. **肥胖是一種身心的否。**胖的生理是因為過多的熱量沒有消耗而堆積，心血管與肝細胞堆滿了脂肪，是阻礙新陳代謝的幫凶，會破壞健康，這是生理的否。胖的心理則是用吃來代償心理的空虛不足，長期下來無法自拔，依賴吃的心理和體重一樣難以搬動，是心理的否。因為是否，猶如在冬眠中的身心，所以可用泰來改善。

2. **胖的心病是更難的否。**變胖不止是體重的增加和伴隨的代謝疾病，最頑固的是心理的沉重笨拙。變胖後，吃的心理因為固執，不容易改，不容易交換，如嚴冬般的否。很多肥胖者的想法不太容易被說動，就像孢子一樣長期處於冬眠的狀態，認為減重不重要，胖一點也無所謂，或充滿似是而非的藉口，是了「否」的心病。

3. **練習逆境哲學。**逆境的學問比順境的學問重要，因為可以讓人度過難關。否卦教我們逆境中的存活術，以從逆境中脫困的想法，練習自己的生活技能，是很多成功者的座右銘。當逆境來臨，如變老或生病，胖是較不容易過關的。認清自己的胖是一種逆境中的劣勢，容易被淘汰，就是知否而脫否的開始。

疇離祉

大夥兒不再一起耕作，井田制度因不交換供需而停擺，天與地也不再互相祝福。

休否

我用休息度過否的難關，學習孢子與熊的冬眠。

傾否，先否後喜

我用否自傾，先否困，後喜慶。滅亡變成事物本身最大的交換。

4. 減重是一種否境的預先練習。若說因為沒飯吃感到飢餓是人生的否境，並不為過。減重會產生飢餓感，這是否境的預先練習。就像國無憂患者恆亡，預先練習否境的挑戰，把飢餓感當成平日的一種練習，就不會對它產生過度的恐懼，減重自然更容易成功。

需卦。

慾望的調節

水天需

我用慾望來強大自己，
萬物也在缺乏中相吸引。

需卦010111，此卦告訴我們人生有多種需要，食養是最重要的一項（需於酒食）。需要有時會生病，譬如貪吃。明明已經吃飽了，還是不願停止進食；明明知道吃多了，身體不堪，還是戒不了吃多的習慣。《易經》告訴我們，健康的需要是像呼吸吐納一樣，進出有一定的節奏，一定的吞吐量（需於沙），不會故意一直吸，或是一直呼，造成上氣接不了下氣。

需卦說，我們需要別人的供養，別人也需要我們的服務與供養。需要是雙面的關係，就像萬有引力，彼此相吸。需要就是慾望，從最強的到最弱的慾望，是可以排序的。健康的需要細心經營，因為它包含很多大大小小的供需平衡。失衡的需要會導致生病，病態肥胖就是生病了的需要。治療方法就是把吃的慾望重新整理，不再讓身體承受太多的營養垃圾，而是嚴謹的調節熱量的進出，適當的運動、適當的吃食、適當的聚餐、適當的拒絕。活在眾多的需要中，找到調節需要的平衡，是絕對必須的。

爻辭

需於郊

缺乏與需求是無所不在的吸力，再遠我也可以細心覺察它的存在。

需於沙

我用沙的或乾或濕，比喻需要與滿足之間的比率，我細心調節它，美妙如生命的呼吸吐納。

需於泥

由缺水的沙變成水過多的泥，我的貪心不足把需要變醜了。

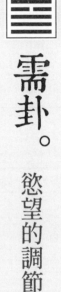

1. 要管理需要排序。把多種的需要排序。如果把享受美食放在第一，把健康放在後面，胖就會悄悄上身。反之，就會開始減重。

2. 每一項需要都應合理化。不要極端擴大不正當的需要，如想念母親，所以吃東西一定要找媽媽的味道，找不到，所以吃個不停。許多慾望是無形、但不合理的，要小心避開它們、分別它們、管理它們。

3. 有些需要的病是內在的，不是外來的誘惑。罹患多囊性卵巢症的病人，因血中的胰島素是正常人的四五倍，一直低血糖，總覺得吃不飽，最後變成了病態性肥胖，這是荷爾蒙失控導致，不是病人的心理有病。有些人發胖是因特殊事件，如失戀時暴飲暴食發洩。找出內在需要，對症下藥，也可防止肥胖。

4. 在需要之間設防火牆。食養是基本的生命需要，但多吃變胖不是。從吃東西來維生，到因吃而變胖之間的距離很遠，需設一道防火牆，讓健康與享受美食不相矛盾。需要所帶來的滿足快樂必須加以管理，否則很容易導致過分依賴而生病。

需於血
我的需要由外而內，像血藏在身體中，像水也藏在血中。

需於酒食
我的需要進化成為統治者，更成為眾生的天，民以酒食為天。

入於穴
我需要變成我被需要，被需要也是需要，我們吞食萬物，也被萬物吞食。

訟卦。

衝突的智慧

天水訟

我在爭吵中強大，
我的真理在矛盾相斥中誕生。

訟卦是需卦的相綜卦，需卦是相吸引的力量，訟卦就是相斥的力量。訟卦 111010 告訴我們，這個世界充滿互相排斥與爭執的力量，一件東西占有特定空間，另一件東西就不能擠進來。時間的前一秒不能與後一秒重疊，時空因為互相排擠，所以宇宙才能秩序井然。

《易經》說，爭執有正面的意義（訟元吉），真相因爭辯後而更清楚，真理因排除矛盾才更正確。一輛車子要有強大的引擎，也要有靈敏的剎車系統，這樣才能安全上路。

我們利用矛盾爭執來操控管理事物，這是訟卦的能量。發胖的過程藏著諸多的矛盾衝突，愛吃與愛漂亮之間是，減重與發胖之間也是。沒有管理的矛盾與爭執會導致戰爭或兩敗俱傷，這是很多心理病的根源，會造成憂鬱、焦慮、易怒，甚至精神分裂。所以，管理矛盾是人生很重要的課題，可以說，人生的幸福，成也矛盾，敗也矛盾。

爻辭

不永所事

我常為小事爭吵的習慣不可長，要找到智者來裁決才好。

不克訟、歸而逋

我與強者吵架爭不到好處，不如逃離爭執地，返回鄉里。

食舊德

我的心中新與舊的想法常吵架，吵到最後才懂得舊傳統的可貴。

如何用訟卦來幫助減重呢？

1. **找出內心的衝突矛盾點（謬誤的想法與做法）**。曾經有人問我，世界上有沒有一直吃不會變胖的方法？這就是矛盾點。但是想做到也不是不可能，譬如把腸子剪很短之後，只要一邊吃，就會一邊拉，或許就會達到目的。但這種破壞身體的方法好嗎？要用傷害身體的方法幫助身體減重，這是衍生出來第二個矛盾點。矛盾衍生矛盾，矛盾就會愈來愈多。每個人的矛盾不一樣，解決的方法也不一樣，一旦找到關鍵矛盾點，減重就有好的開始。

2. **善用矛盾的力量**。矛盾是一種奇妙的力量，好比引擎與剎車、消費與生產、苦與樂、愛與恨。善用相對的力量來戰勝成功，是自古就有的技藝。減重也有矛盾的成功之道，譬如只把美食咀嚼在口，不將它很快吞入肚子，以咬擋吞，如果做得好，一定會達到減重的目的。我有病人選擇將美食咀嚼後吐掉不吃，這種極端的做法的確幫他減掉很多體重。

3. **從愛恨交加中成長**。愛恨是人生常見的矛盾，是人生痛苦的一大來源。減少愛恨交加是人生的大智慧，這在病態肥胖病人身上尤

不克訟、復即命

我無法與自己的天命吵架，不如接受它，不離不棄。

訟元吉

我在矛盾與爭吵中接近真理，萬物或時空因為互斥而不會亂成一團。

或錫之鞶帶、終朝三褫之

我用吵架得貴，也因此得罪。

其重要，就是不要同時踩油門與剎車，而是要優雅的輪流踩，把駕車的技藝發揮到淋漓盡致。把矛盾的一件事分開成兩件事，譬如愛情也有好的，也有壞的，分開了，心就釋懷了。

4. 享受矛盾的甜美。《心經》說「色即是空，空即是色。」矛盾無所不在，痛苦消失了，快樂就出現了，反之亦然。減重過程中的愛恨交加，矛盾衝突，都是減重的阻力，讓它們漸漸淡去，用現在的苦換未來的甜，人生如此，減重也是。

臨卦。

專心的演出

地澤臨

人生是一場表演，我盡情演出，眾生即是我的觀眾，人間即是我的舞臺

臨卦 000011 告訴我們，有一種擁有美好生命的方法，是盡量去接近事物，用心到、身到、眼到、耳到，來走進生命核心，走入人群，走入未來。就像當你走上一個大舞臺，首先感受到華麗的空間，群眾的歡呼，然後淋漓盡致的表演，感動觀眾，深刻的活出生命的光與熱。

臨卦充滿生命的動能，是用表演者的角度來過日子，不是用觀眾的角度；是演說家，不是聽眾；是創造者，不是跟隨者；是教師，不是學生；是作家，不是讀者，是身先士卒，不是擦肩而過；是君臨天下，不是隱居自娛。

臨卦說，靠近一個人的方法莫大於表演他，像臨帖寫書法，先模仿，後發揚光大，青出於藍。我要學習《易經》，先讀前人的說法，然後想像自己是文王周公，表演他們，用教學的方法來學習，用表演的方法來感受，終於可以靠近《易經》的精髓。

爻辭

咸臨

我用五官瞬息萬變的感覺強化存在感或參與感。

咸臨

我用身心的大小感動強化我活著的經驗，用上臺表演的方法感動眾人，強化眾人活過的感動。

甘臨

我執著於甘甜的感覺，因為缺乏苦味，無法強化生命的光熱。

如何用臨卦幫助減重呢？

1. **專心準備生命的演出**。把減重當作一場一萬人在看的表演，你是主角，每一公斤的減重成功都會得到歡呼讚美，反之，會得到噓聲與唾罵。
2. **練習演出的步驟**。試著在鏡子前預演，用觀眾的角度看自己的練習，用眾生想法改進自己，用練習時的失敗換得演出時的成功。
3. **訂下演出的時間表**。「時間到」是最大的壓力，這是時間無情的臨，它會把沒有準備好的人淘汰，把舞臺留給準備好的人。用時間到來準備自己，讓自己不落後在演出的舞臺，這是成功者的習性。常常逃避時間到的人，逃避上臺的人，是臨卦生病的人。
4. **只許成功，不許失敗的演出**。用減重讓生命找回健康美麗不是演假戲，是演真實的人生，也不只是歡呼或噓聲的差別，而是與自己一輩子的幸福聯繫。所以只許成功，不許失敗。

至臨

我用親身到場來強化我的參與感，但是時間往往不夠用。

知臨，大君之宜

我用智慧的搜索強化各種領域的參與，國君也以此實踐國家的治理。

敦臨

我用最全面、最密集的參與形成厚實的生活經驗。

觀卦。

靜靜的觀賞

風地觀
我觀看眾生的表演，包括自己，感受著生命可觀的美妙。

觀卦110000告訴我們，有一種安靜的生命，用多元的感受與欣賞豐富自己的心，像照相機的鏡頭，靜靜的吸取龐大的資訊，集合最豐富的經驗；像最大的圖書館，不用自己表演，自己寫書，只要靜靜的收藏，一樣可以閱讀到最精采的作品。

我們的人生觀、價值觀、意義、理想，都是觀卦的世界，也是看這個世界的角度與方法的總合。觀的正確與健康，就代表人生的正確與健康；觀的細緻與恢弘，也會帶出人生的多彩繽紛。做好一個觀察者，就能成就一個事業、一個世界。比起一定要自己親身經歷的想法，觀的世界更寬廣，更無爭無擾，更有彈性與包容，也更逍遙自在。

爻辭

童觀
我用小孩的觀察開始認識這個世界。

窺觀
我躲在暗處觀看，往往可以看到不同的真相。

觀我生，進退
我觀察自己，看得愈深，愈懂自己，如此指導了自己進退之道。

如何用觀卦來幫助減重呢？

1. **多觀察別人的得失勝敗**。在胖胖瘦瘦的世界，有很多我們可以借鏡參考的地方，打開眼睛認真的看，一定可以看出自己同樣能應用的方法。

2. **觀察自己的得失，修正幼稚的觀點**。再聰明的人也有幼稚、不適當的觀點，叫做「童觀」。胖瘦觀點也會有一兩樣童觀，譬如覺得自己是喝水都會胖的體質，自己是世界上最冤枉的胖子，都是童觀。觀察到之後，試著修正它們。

3. **適時的改變價值觀**。改變觀點是很難的事，譬如個人的價值觀。可是人生的躍進，往往來自對價值觀的大幅改變。當我開始把幫助人的能力當成我的價值，我的人生就悄悄改變了。價值觀是一種看法，會決定我們如何去走人生的路，去爭取什麼人生的價值。好的人生觀決定好的人生成就，幾乎沒有例外。

4. **練習改變不適當的感知世界**。感知決定每分每秒的情緒，也決定我們的快樂幸福，所以一定要好好管理。對一種食物的賞味，對一種情境的喜惡，會反覆影響我們的心情，間接的影響減重的成

觀國之光，利用賓於王
我參與國內外的觀光，增加了很多見識，國王也利用外賓參觀後的評語，來改進自己國家的建設。

觀我生，君子無咎
我觀察我的同類，由了解生出關心和信心。

觀其生，君子無咎
我觀察眾生和我既不同又相同，強化我對生命的了解。

功。能合理的去改變這些會變胖的感知，譬如不把肚子吃很撐當做必要，把飢餓當成很悲沮的事，不把享受美食當成無害有益的事，都能迅速幫我們減重。

5. 用更遠的角度來觀自己。調整遠近距離會看到很多新的觀察。距離較遠可以看到未來，看到自己的短視與狹隘；距離較近會看到細節，看到自己的粗魯與疏忽。調節觀察的遠近，對診斷自己為何變胖很有幫助。建立正確的觀點，如吃胖不是福，吃好不是貴，吃多不是強，吃胖是危險的，減重是急迫的，每一口食物都是關鍵，每一餐都得慎重，每一公斤都是珍貴的……減重就不難了。

噬嗑卦。咀嚼與校正

火雷噬嗑

我咀嚼食物讓它好吞食，用修改的動作創造正確與合適。

爻辭

屨校滅趾
我穿不合腳的鞋子，錯在鞋子，受傷的卻是我的腳趾。（比喻校錯難，犯錯易）

噬膚滅鼻
我被處罰這件事，雖只小傷皮膚，但是自尊心受傷卻如失去鼻子一樣嚴重。（比喻處罰雖小，也會大傷心靈）

噬嗑卦 101001 告訴我們，噬嗑就是咀嚼食物，用堅硬的牙齒咬碎食物，讓食物好吞下肚子，延伸的意義是，用消化的方法把食物變成豐富的營養，用一刀一刀的雕刻把藝術品變完美，用處罰的方法把錯誤導正，這些都是噬嗑卦的應用。

肥胖者進食的最大的共通點是吃太快，咀嚼次數太少。吃太快是狼虎的世界，因為它們不趕快吃會有危險。人類不用吃太快，除非像是趕著開車去加油，因為怕開到一半沒油了；要趕路，因為有太多事等著去做。所以說，很急的心是吃快吃胖的原因，心急了就來不及把食物嚼細，狼吞虎嚥成了常態。吃東西很急的人或許很有責任感，很有時間觀念，很有效率，現代人很需要這些特性，因此肥胖者在現今社會很常見。

噬嗑有自我修正、改錯的意思，把犯錯的行為用咀嚼的方法慢慢修正，將食物一口一口的咬開，攝取食物的營養，去蕪存菁，留下美好。

如何用噬嗑卦來幫助減重呢？

1. 加長一倍的咀嚼時間。把食物在口中停留的時間延長一倍，這是我實驗過最有效簡單的減重方法。

2. 多選擇需要長時間咀嚼的食物。不選軟爛，太容易入口的食物，更小心注意飲料的熱量，如此可以篩選掉很多不需咀嚼的食物，避免攝取過多熱量。

3. 訂定體重增減的賞罰方法。賞罰是古老的行為催化劑，在賞罰制度下，人的行為導正修正變得更容易，這是法家的理想，也是回饋行為理論的基礎。

4. 不濫用賞罰。不要罰到沒有自尊心或羞恥心。很多賞罰方法最後失效，就是太濫用了，導致麻木不仁的心理。這種時候，要多用感動與正面的鼓勵。

噬臘肉，遇毒

我吃到含毒的臘肉，才知道光靠咀嚼，也無法避免中毒。（比喻改錯要擇方法）

噬乾胏，得金矢

我吃帶骨的肉，用心咀嚼可以吃得很乾淨。（比喻找到改錯的方法）

噬乾肉，得黃金

我吃無毒的細乾肉，得到全部的美味與營養。（比喻嘗到不犯錯的成果）

何校滅耳，凶

我處罰罪犯，教他背扛刑具，卻傷及他的耳朵。（比喻改人之錯反而造成更大錯，錯上加錯）

賁卦。美化與樸實

山火賁

我用清楚的線與邊包裝美麗，又抹去線邊製造朦朧美，最後發現簡單最美。

賁卦100101告訴我們，有一種美化事物的方法，就是幫美麗的事物描繪出更美的邊，把美好的東西穿上更美的包裝，把感人的故事取個美好的書名，把美麗的細節、重點、想像、本質、最遠的邊界都交待清楚，都是賁卦的應用。

賁卦是美上加美，是畫龍點睛，是簡化感動的本質，是探索反璞歸真的美麗，這和噬嗑卦的用賞罰來修正剛好相反。

《易經》說，賁卦是尋找美的邊境的過程，是一層比一層高的境界，最高的一層是反璞歸真，自然簡單。如果認同減重可以幫身體的曲線變美，減重的過程也可以看做一次賁卦的追求過程。

爻辭

賁其趾

我把腳趾化妝得很美，用注意細節教人驚艷。

賁其須

我把鬍鬚化妝得很美，抓住門面重點，懂得要領。

賁如濡如

我畫圖用邊又用暈，產生朦朧美感，勾起人們更多的想像。

1. 在細節上美化減重的工作。記住，不是用處罰，而是用美化，譬如去買一些愛心貼紙，寫上讚美的話，在自己減重的選擇正確時給自己貼上一片，也可以請好友幫忙給予正向鼓勵。把自己當一個小學生來減重，會比當一個大學生更容易，因為小學生對細小的美化更有感。

2. 在重點上美化減重的工作。胖的時候，腰圍是最破壞美麗曲線的焦點，所以可以用腰圍來檢視自己減重的成績。永遠穿小一號腰圍的衣服，來鼓勵自己加速減重，也可以用自己的健檢成績作為警訊，譬如血脂值，過高的值可以提醒自己減重的目標在那裡。

3. 用無形的價值來美化減重。曲線變美，健康數值變好，都是重點，但也不是那麼無敵。會鼓勵人們不斷努力前進的，很多是無形的價值，譬如愛情、責任、自信、自我實現。很多女孩變胖時會說，是男友認為陪他吃宵夜比減重更重要，所以她就變胖了。愛情會讓自己變渺小，連美麗的曲線也不再重要。可是女人的美麗，不會滿足於只來自一個人的肯定，而是所有路人都會側目的肯定。

賁如皤如，白馬翰如，匪寇婚媾

我的作品虛虛實實，畫一匹白馬，彷彿長出一雙翅膀，把遇匪寇比作夫妻結合，加入虛幻與另類，突顯我作品的美麗。

賁於丘園，束帛戔戔

我簡單修飾祖先的墓園，因為簡單所以維護容易，歷久不滅。

白賁

我發現反璞歸真最美。

美麗的愛情也許重要，美麗的人生故事更重要，不論愛情的結局如何，自信的美麗，美麗故事的主角的責任感、自信心，更是一生要保護的價值。用最美的自己，身體與靈魂，來說一個最美的故事。減重，不過是一個開始。

4. 用簡單自然來持續美化自己的工作。減重是一輩子的事業，也是養生的基本功。刻意的減重，各種不自然的減重，都不會維持長久。可以維持長久的減重，是最自然簡單的方法，譬如簡食與運動，敬慎與謙虛（對聚餐與豪飲的拒絕）。有些人故意找勞動的方法來幫忙活動筋骨，參加登山、健行、舞蹈的群組，把美化的工作化成日常，數十年如一日，自然不容易因胖而病。長久的減重不需什麼偉大的計畫，只需簡單的日常。

䷙

大畜卦。

儲積當下，整理歷史

山天大畜

我把握當下，長久積蓄時間，因而擁有最豐富的人生。

大畜卦 100111 告訴我們，有一種富可敵國的智慧，是把無限的過去收藏在當下，也用一樣的模式經營無限的未來，善用時間的複利來增值，即早做正確的投資，用教育來養賢，用化敵為友來避免戰爭，用通路來廣集財富。

《易經》說，大畜最開始的一步，也是最難的一步，就是改變自己（有厲利已），停止惡習。因為在時間的複利下，惡習會滋生惡習，能即早改去惡習，是一生最賺錢得利的事。如果變胖的習慣是惡習，經年累月後，就是勢力龐大的惡習，也是會把自己的財富或幸福吸乾的惡習；如果變胖的習慣是粗魯急躁，經過複利的繁衍，就是害我們損失慘重的個性。富可敵國的人一定會除去這些惡習與個性，因為他們不會與財富為敵。

爻辭

有厲，利已

我有很多壞習慣，即早停止它們，是富可敵國的第一步，致富始於管理自己頑固的心性。

輿說輹

我善於修理，身邊沒有不堪用的東西；我善於整理，身邊沒有閒置不用的東西。

如何用大畜卦來幫助減重呢？

1. **改去惡習**。很多肥胖的人從小就養成了多吃與快吃的習慣，認為吃是美好的占便宜，吃是幸福無害的。父母要負起責任，盡早幫孩子改掉這些惡習，也幫自己改掉惡習，因為孩子學會了這些惡習，人生的損失就太大了。

2. **改善環境**。很多肥胖的人，他們所處的環境充滿變胖的事物，譬如總是有一倉庫的零食，一整冰箱的甜飲，一堆愛吃的朋友，一長串聚餐豪飲的邀約。會維持良好體重的人環境則有不同，往往有很多簡食的菜單，很多運動的群組，很多藝文活動的邀約，很多追求時尚美麗的機會。清理自己的環境，讓環境變成幫助自己理想與目標的助力。

3. **善用時間，提早養賢**。很多病人說，他們沒有時間運動，沒有充足的時間吃一餐，所以狼吞虎嚥。善加利用零碎的片段時間，加起來就是可觀的時間，開車時聽有聲書（就是這樣的時間利用），一年可以聽完二十本書，幾百篇評論，對學習幫助很大。我在開刀時要久站，就用墊腳尖的方法運動，不僅可以防止靜脈曲張與水

日閑輿衛，利有攸往
我善用空閒，預先練習將來會需要的技能，不讓機會來臨時還要臨時抱佛腳。

童牛之牿，元吉
我在牛還小的時候就幫牠套上角套子，如此牠長大後就不會用角去傷人。（比喻即早養賢，用時間儲備人才）

豶豕之牙，吉
我把凶猛的野豬閹了，經過馴化，它會傷人的獠牙變成我的看門法寶。（比喻化敵為友，是最大的停損與得利）

腫，也增強了腿力。等電梯時、排隊時、聽冗長無聊的演講時，都是可以利用的小時間，都是學習與運動的時間。好朋友、好習慣、好投資，都是一生的賢人貴人。提早養成，就是一輩子的財富。

4. 化敵為友，創造通路。孩子很容易與父母或師長為敵，甚至對自己生氣，用叛逆的方法對待，只為吃醋或小氣。這些不正當的愛恨關係會造成過胖的心理，所以一定要打開心胸，暢通諮商的管道，多聽智者的言語，多看勵志的故事，讓心中充滿正能量。

何天之衢，亨

天下只有遍地的河道可以承載天的廣大，我用四通八達的通路發大財，用雲端平台賺全世界的錢。

無妄卦。

勇往無常的未來

天雷無妄

我無畏的前進未來，開創天命，
用平常心面對天意的無常。

無妄卦 111001 告訴我們，有一種勇氣可以無畏天命的無常，總是用平常心看待困難挑戰，用熱情擁抱崎嶇的前方，不以物喜，不以己憂，把最不公平的命運看成天降大任的恩德，這些都是無妄卦的能量。無妄是沒有妄想，是平常心，是不貪不懼的氣度，是無可無不可的自在。

《易經》說，世人以為的公平、正義、道理、因果、善有善報、得失、成敗，用上天的角度看都是虛幻不實的，未來的世界沒有一定道理，只是運氣、或然率的虛妄存在。因此，天命不可預測的道理，與人的平常心之間，要維持一定的平衡，如此我們才可以不再恐懼畏怯，而能平安喜樂的迎向未來。

爻辭

無妄往吉

我對天意沒有想法，不刻意預測吉凶，不要求一定的結果，如此無畏的前進未來，開創天命。

不耕穫，不菑畬

有時我很幸運，不耕作卻有收穫，不除草卻有良田，別人問我如何辦到的，我也講不出道理。

如何用無妄卦來幫助減重呢？

1. **養成平常心。**凡事是自然，也是不自然，胖有胖的自然，或說是運氣吧！但是胖也有胖的不自然，或說是故意的！前者可以安慰自己一時，後者對減重會有一種義不容辭的感覺。用平常心來減重或許不夠積極，但也很有潛力，是一種可以慢慢反轉心意的力量。

2. **不怕痛，不怕失敗。**很多人因為怕失敗而不敢嘗試，信心與勇氣不足。平常心可以淡化得失心，只要記下每次失敗的關鍵，也不算真正的失敗，因為不怕失敗就離成功不遠了。

3. **不要有迷思與懸念。**很努力的人不一定會成功。對減重成效不滿意，就怨天尤人，罵老天不公平，減重就更難了。要正面思考，其實比起兩百公斤的人，我們都很不錯了，我們在避開肥胖的努力是有功效的，只是還不完美。相信自己的潛質，減重只是一次的小賭注，總有大贏的時候。

4. **《易經》說「無妄之疾，勿藥有喜。」**這個意思是說，很多自以為罹患的病其實不是病，是心思的幻覺，只要醒過來，病就好了。胖也是，生病廣義來說也是自然的一種，既然是自然，就自然的好，自然的減，自然的完美。因為崇尚自然無為，所以如果變胖是一種故意的不自然，就讓它自然痊癒吧！

無妄之災，或繫之牛，行人之得，邑人之災

有時候我很倒霉，鎖在門外的牛被人順手牽走，為什麼他得我失，我也講不出道理。

可貞，無咎

我發現天意無常，沒有一定的道理也是一種道理，就像老天爺有時會愛發脾氣，我也不好說什麼。

無妄之疾，勿藥有喜

有人痴心妄想預測天意，我說他的心生病了，但不用吃藥，因為這個病轉個念就治好了。

無妄行，有眚

我一直用無常來解釋天命，把不滿意的事都歸咎天意，久了養成不進取負責的習慣，很討人厭。

離卦。複製美麗

離為火

我用一複製二，用眾多的美好強化人生的生生不息。

離卦 101101 告訴我們，有一種偉大的力量，看似分裂了自己，但也因此複製了自己，複製了美麗，可以繁衍眾多，傳宗接代。細胞靠分裂來複製，生命靠複製來確保繁衍，生產業靠複製來供應眾多的需求。

複製是一種製造眾多的技法，是用乘冪的方式增多。快速增多個體數，也是許多物種確保生存的方法。生物的演化史，可以說是一部複製方法的生存演化史，誰的複製方法愈穩定快速，誰的生存就愈有保障。所以善用離卦的能量，是戰勝病痛的成功之道。

如何用離卦來幫助減重呢？

1. **建立可以複製的成功模式**。減重的方法很多，有的很極端卻立即見效，但是不易複製，譬如斷食，劇烈的運動。容易的方法，漸

爻辭

履錯然

我看到地上一個又一個的腳印，知道多角度觀察可以增益美麗的印象。

黃離，元吉

我發現美麗與複製有一種良性循環，美麗本身可以增加複製的價值，複製也可以增加美麗的價值，如此產生無止息的美麗與複製。

日昃之離，不鼓缶而歌，則大耋（ㄉㄧㄝˊ）之嗟

衰老而遲來的複製，如沒

進的方法，溫和的方法比較容易複製。將複製變成常態，減重的方法就可以維持長久，自然會成功。

2. **複製別人的成功模式**。這是不用創意，撿現成便宜的方法。別人的成功，從細節到關鍵都要複製，或許可以改變一小部分來配合自己，但整體來說，這是很方便的成功法。

3. **斷捨離的複製**。複製的開始其實是分裂，是離開母體，是割捨一半的自己。所以複製是辛苦的，是痛苦的，是身心的試煉，不是按個鈕就能完成。很多減重可以複製幾天、幾週，但是時間一長，就苦不堪言，因為斷捨離的痛苦會累積。細胞用斷捨離的複製來避免死亡，這是必要的經過。成功的元素要快速複製，才能逃過競爭與失敗。時間會無限的自我複製，所謂的「天行健」就是指這個。所以天的強健是用離卦的複製來執行的，而複製的執行，就是斷捨離。切斷過去，捨棄單一，離開自己的死亡或毀滅。

4. **複製美麗，遠離醜惡**。事情經過學習，熟能生巧，複製加入智慧，可以愈來愈輕鬆、簡單。複製的過程，還可以淘汰劣質品，讓後代改良精進。每一天的胖瘦作戰中，我們細心複製勝利，每一天的喜歡加多，挫折減少，減重就是複製美麗的每一天。

伴奏的唱歌，聽起來像老人家在長吁短嘆的聲音。

突如其來如，焚如，死如，棄如

我在自我複製時身心發生極大的痛苦，因為自我分裂要在剎那間斷離為二，要焚燒原形，像自殺而亡，還要丟棄老舊的身體。

出涕沱若，戚嗟若，吉

我沒有無數的眼睛可以流，可是我有數不清的淚水可以哭。我只有一顆心，可是我有數不清的心情，我複製無數的宣洩元素維護了單一的靜美

王用出征，有嘉折首，獲匪其醜

我用複製美好的方法克敵致勝，勝利屬於善於複製美好與強大的一方。

咸卦。

覺察細微的變化

澤山咸

我用感性分辨訊息，探索剎那間的微分世界。

咸卦011100告訴我們，有一個微觀的世界，細微而瞬變，要用最安靜的心去體察、去感知、是感性的、剎那的、敏銳的、愉悅的、愛情般的細緻、奈米般的光滑體貼，就是咸卦的世界。

在數學的微積分中，咸卦代表微分，就是在曲線的某一點，求得切線的斜率，或說是一點的變化率。有咸卦的生命，事物不再是死氣沉沉的固定體，而是瞬間萬變的變化體，所以咸卦的生命觀是微分，覺察變化與計量斜率的。

咸卦對生命的意義而言極重要，因為它描述覺知的發生，意義的存在，價值的感受。離開這些，生命將殘缺不全，一無是處。**擴大生命的覺知**，導正覺知的發散，美化覺知的世界，正是許多修道者一生的練習。

爻辭

咸其拇
我用最敏銳的拇指探索觸覺世界的存在。

咸其腓
我用靈活的小腿體驗高超的跑跳技巧。

咸其股，執其隨
我用強大的股關節支撐或搬動軀幹，一切都在既牢固又自由中進行。

如何用咸卦來幫助減重呢？

1. **健全食養的覺知**。有些肥胖的人，覺知並不健全，譬如吃不到食物的美味，所以用一直吃來彌補；譬如感覺不到飽足，所以吃到肚子快撐破了也不會停。相對的，如果感覺一點飢餓就很恐慌，立刻吃東西來避開恐慌，這些都是覺知生病了。減重要成功，健全食養的覺知是必要的。

2. **健全體重的覺知**。愛漂亮的女孩通常在體重略增時就有警覺，每一公斤的增減都很敏感，如果增加了五公斤，堪比天要塌下來那麼嚴重。對體重增加很敏感的人不會變胖，這是正確的；對體重不敏感的人容易變胖，這也是事實。敏感與謙敬的心是相關的，粗魯與傲慢的心也是相關。敏感的人待人處事會更溫柔，因為心思體貼入微；溫柔的人吃東西不會狼吞虎嚥，因為每一口食物的感動很強，需要一口一口的細細品嘗。

3. **健全多元美麗的覺知**。胖的人有時候也有絕佳的味覺與對美食的感受，因為迷戀美食，所以愛吃各種美食。美食的追尋是美麗的，但不是唯一的美麗，美麗的覺知應該更全面，美食之外，還有美

憧憧往來，朋從爾思

感官世界的動靜多元而頻繁，我的心注意那裡，感覺就集結在那裡。

咸其脢

我用寬廣的背肌睡覺或坐立，一整天也不感覺疲痛，它在安靜中勞苦功高。

咸其輔頰舌

我用臉部做表情，用舌頭講話，感受與人群溝通的美好。

術、藝文、音的、知性、運動、旅遊、學習、社交等，這些活動的美麗不亞於美食，我們應該全面的追求，而不是偏執單一的美食。偏執美食的習性容易變胖，全面美學的追求能減重。

4. 溫柔再溫柔。被尖銳的東西刺到會覺得很痛，這是感性的暴衝；平滑的表面摸起來很舒服，這是感性的溫柔。刺激也是感性，也是人性的一種追求，與感性的分別是它遠離了溫柔。美感會帶來一定程度的刺激，但是溫柔體貼帶來愛的溫度，所以溫柔是進化的感性，進化的美。溫柔的吃，疼惜自己，人生會很幸福。減重，其實就是找到溫柔感性的過程。

恆卦。堅持不會放棄

雷風恆

我在變動中前進，
累積長久恆定的本質。

恆卦 001110 告訴我們，有一種恆久的世界，久遠而穩定，在巨觀中跳躍，要用綜合的、累積的、耐心觀察的、加成的、理解的、堅持的、恆定的心去發現它，它像真理般的長久，是放諸四海皆準的定理，是自古至今不易法則，這就是恆卦的世界。

恆卦代表數學的積分，是一條曲線下的面積，是加成的結果，是空間乘上時間，是力量乘上距離，是各種變化的加總，是用當下總結歷史的過去，是用一句話說一個故事，是各種或然率的相加變成1，是蘇東坡說的「自其不變者而觀之，則物與我皆無盡也」。恆卦，是超越有無得失而仍然不變的原則，是理性世界的不滅價值。

有人說「改變是唯一的不變」，恆卦就是那個不變的心性，那個可以穿越各種時空的挑戰而存活下來的智慧，是不用繁忙的感受而依然自在不滅的生命。

爻辭

浚恆，貞凶

我用一成不變的方法做事，以為只要堅忍固執就可以長久，卻因為不會靈活應變而一事無成。

悔亡

我因為失敗而挫折悔恨，也因悔恨難消而長久失敗。

不恆其德，或承之羞

我的好習慣很難維持長久，心中突發的羞恥很難長久防範，不論是有還是無，

如何用恆卦來幫助減重呢？

1. 跟自己講道理。我們常受困於各種沒有道理的情境，譬如明明沒吃什麼，卻一直胖；沒有做錯什麼，卻一直受到批評；明明是好心，卻被人討厭。凡是應該都有個道理，恆卦告訴我們，沒有道理也有道理。一時的沒有道理往往誤導我們以為都沒有道理，像田裡一時沒有鳥禽就以為永遠沒有的誤解（田無禽），這種觀察往往太偏微而失去正確性。放下偏微的觀念，用更巨觀或長遠的觀察來找到可長、可久的道理，然後說服自己，凡事一定有它的道理。一旦同意講道理，我們的心便會找到胖瘦的真正原因，然後輕鬆減重。

2. 練習堅持不放棄的智慧。有時放棄一件事是好的，譬如戒菸；有時放棄是讓人心痛的，譬如離婚。但如果那件事是應該盡早放棄的，那麼放棄不一定是壞事。很多時候，不放棄是成敗的關鍵，勝利往往是屬於不先放棄的一方。不放棄的過程是辛苦的、折磨的、痛不欲生的，但有人做得到，有人做不到。不放棄的智慧很多，謙虛的心是其一，簡化的心是其二，節奏感是其三，彈性是

修練恆久都難如登天。

田无禽
沒有禽鳥來覓食的田不是良田，沒有收穫的工作無法維持長久，不長久裡面也藏著長久的道理。

恆其德，貞，婦人吉，夫子凶
能推持長久的好習慣，我才說它是品德，教育婦女，堅持單一的德行可以；教育男子，如此則會限制他行義的靈活變通。

振恆，凶
我聽人說唯一的不變是變，這樣的藉口傷害了堅貞的美德。守恆沒有一定的作法，只知道它存在堅忍與靈活應變之間。

其四，專心是其五，低飛不高調是其六。因為謙虛，所以吃苦會甘願；因為簡化，所以負擔不重；因為節奏感，所以步伐不亂；因為彈性，所以不易斷裂；因為專心，所以忘記時間；因為低飛不高，所以耗能不大，這些都對不放棄的過程有助力。

3. 即使短暫放棄也會成功。天下很少事物是長久不變的，辛苦的事更是。減重很辛苦，所以很難長久。暫時放棄可以，因為休息後可以走更長的路。有時候成功的路是迂迴的，放棄一個方向，開始新的方向，反而更正確。利用休息準備下一段的前進，有節奏的進進停停，這種前進更能長久。抓住對的節奏，前進會更強健有韻。

4. 迅速轉變適應挑戰。開始減重的方法和結束減重前的方法，最好不要相同，因為挑戰不同。開始宜慢，用漸漸熱身的方法更正確；結束前宜快，用全力衝刺讓戰果加大，可以更專心忘記辛苦。不同的挑戰用一樣的方法應對，失敗率會高。要戰術上善變，來確保戰略上的不變。以我看診的經驗，每減重約五公斤，就會有一段停滯期，就是要做修正與轉變方法的訊號。

大壯卦。

輕易征服

大壯卦 001111 告訴我們，有一種大壯的行動，是用剛強的力量戰勝柔弱的抵抗，用絕對的優勢克敵致勝，用我的強項打贏你的弱點，用我的硬撞你的軟，用我的輕鬆贏你的笨拙，用我的容易收服你的困難。這種大壯的行動一般都會得勝，但若是遇到厲害的柔，譬如糾纏不清的蔓藤，用強力的羊角去撞它，反而會陷入苦戰的泥沼中。所以用強也要有智慧。

古代的名將，往往不用一兵也能克敵致勝，用巧、用計往往比用強更有效。這個世界不一定剛必勝柔，以柔勝剛的例子太多了。所以，大壯卦有一定的缺點。

《易經》說，大壯卦求勝的方法需要進化，用力、用強不如用易，它說「喪羊於易」，如何能輕鬆勝利才是最重要的，而不是一直用力。進化的大壯，不只會用力、用強來勝利，還會用柔與用易。如何用易？用最容易的方法，最輕鬆的方法，交換最大的勝利，才是進化的大壯。

雷天大壯
我用理直氣壯前進，
學習用容易獲勝。

爻辭

壯於趾，征凶
我只靠強壯的腳趾來侵略征伐是不吉祥的。（比喻不自量力的用壯）

貞吉
我用堅正的態度、厚實的實力來理直氣壯。

小人用壯，君子用罔
小人用理直氣壯得理不饒人來對待弱小，君子用寬容與同理心來贏取人心。

如何大壯卦來幫助減重呢？

1. 利用自己的強項來取勝。最強的自己是什麼？是動機、愛情、怕醜、怕死、錢多、年輕、聰明、家世、朋友、還是愛面子？只要夠強，就能用來幫助減重，譬如錢多，那就花錢請很多位運動教練來幫助自己運動，請營養師與廚師來調配料理，讓自己吃的好又不會胖，請心理師來做心理建設，用花錢可以幫助減重的任何方法。最後，和有錢的朋友打賭，用成功減重來贏回一大筆賭金，因為有錢人也很愛贏錢，花錢與贏錢都是讓他減重必勝的方法。

2. 集眾多的優勢來戰勝。一般來說，肥胖的人在減重之初都處於弱勢，否則也不會變胖。從弱勢開始，集合眾多優勢，譬如談一段戀愛，打一下賭，組一個減重群組，斷絕幾個損友暫不連絡，向營養師要一分菜單，減少伙食費，每周清空冰箱一次（丟掉囤積食物），每天整理一分清單替自己評分，清單就是集合優勢。

3. 避開糾纏的蔓藤。減重失敗一定有蔓藤纏住，不是指無形的飢餓感或貪吃慾，而是有形的人事糾葛，像一個愛煮大餐的媽媽，愛吃宵夜的情人，愛喝酒的老友，或很累、工作很晚讓人有想大吃

羝羊觸藩，羸其角

強壯的公羊用它的角去撞柔軟的藩籬，結果角被藩籬絆住，角的剛強變成它的弱點。

壯於大輿之輹，藩決不羸

我用大度量取代強詞奪理，用多數人的支持獲得勝利。

喪羊於易

我用容易的方法勝利，容易勝過力壯與攻伐。

羝羊觸藩，不能進，不能遂

堅持用壯取勝，爭執的雙方（剛與柔）兩敗俱傷。

一頓的心情，或很愛吃醋的室友總是批評我的減重計畫等。這些糾葛會纏住我們，讓減重無法動彈。想辦法避開這些糾葛，必要時換個地方，換個手機號碼讓朋友暫時聯絡不上，換個工作不讓自己太累，換個情人或室友也不失為一個辦法。

4. 用容易交換對抗。當變胖與減重的力量不相上下，作戰一久，必顯疲累，先贏後輸是常見的結果。我嘗試戒菸長達三十年，終於在最近十年成功，原因是學到大壯的容易勝法——巧妙而公平的交換，譬如從上班抽、下班不抽開始（不抽菸可以嚼口香糖），再來一天抽、一天不抽，接著週末假日也不抽，然後一週抽、一週不抽，最後一個月抽、一個月不抽。漸漸的，不抽時，想抽菸的癮頭不見了，菸就戒了。每次交換都有它的公平性，所以容易做到，但前進的速度要慢。好比斷然一年抽、一年不抽的戒法就不容易，但上班抽、下班不抽就很容易。減重也是，一天少吃一餐很難，一餐少吃一口就很容易。如果假日的大餐是變胖的主因，就開始一週吃大餐，一週不吃，但可以買一件禮物，或每減五公斤就可吃一次大餐，諸如此類的交換，就是容易勝利法。

遯卦。以退爲進

天山遯

我用後退來收割人生的豐足。

遯卦 111100 告訴我們，退後逃跑有時比前進或打贏更重要，或說在武俠的世界，輕功練得好，無往不利。我們投資股票，往往在獲利了結時才是真正的豐收，而人生在退休後，自由的生活才真正開始。如何退得好，退得妙，是人生至高的境界。或說退一步海闊天空，忍一時風平浪靜，精準的執行退停的動作，往往比每天與人爭個頭破血流更吉祥。

退與逃離的技巧很多，如果說胖是一個牢籠，退與逃就是逃出牢籠的方法，所以減重也是一種退與逃的智慧。廣義來說，沒有逃不開的牢籠，只要不想逃的牢籠。很多人喜歡享受美食，喜歡群聚吃喝，喜歡用吃喝來定義天倫之樂與幸福，這種人生觀如何來退與逃呢？很難吧！事情不是這樣零與絕對的，真正的幸福是既可享受美食相聚，又可退逃不發胖。輕功高手，來去自由的取用美食又不受肥胖的攻擊，正是人生最美的到達。

爻辭

遯尾

我把難看的尾巴藏起來，隱藏污點好逃離責怪，因此也失去了可進可退的逍遙。

執之用黃牛之革，莫之勝脫

我用最強的黃牛皮革綁牢自己貪進的心。

係遯、有疾厲

我繫綁美好的事物防止它們遯逃，反而激發他們的

如何用遯卦來幫助減重呢？

1. **練習常踩剎車。**減重的關鍵在餐桌上，在準備吞食食物下肚的剎那。這些關鍵的時刻，如果可以偶爾踩一下剎車，減重就開始啟動了。不用從頭到尾踩剎車，只需偶爾踩一下，稍微減緩一下進食的速度與分量。常踩剎車就不容易超速，有踩剎車的觀念就不會任由自己過食變胖。能即時踩剎車是一種高深的武功，可以讓敵人無功而退。說退就退，神龍不見其尾，正是避開病害的法門。

2. **練習開倒車的技術。**走錯路時能倒車退到原點，是修正錯誤的法門。逆向駕駛的樂趣是可以重現歷史，找出自己變胖的過程與轉捩點，然後對症下藥。我們在停車時一定會用到倒車的技術，而能進退流暢的開車技術，在減重時就是斷食，讓別人分享我們的便當，讓口中的食物吐出來，就是倒車的方法。

3. **從生病的懸崖退下來。**過胖與三高的併發症是健康的殺手，很多肥胖者的健康只在洗腎邊緣，如果再繼續胖下去，不幸的事一定會發生，比方說中風。退逃有時要壯士斷腕，忍痛割捨過去的最愛，譬如吃大餐、吃宵夜、狂飲聚歡。與這些事切割，才能退出逃離。不繫不遯，愈繫愈遯。

好遯　我用好心情看待退場，也選擇好時機退場。

嘉遯　我在眾人的讚美中退場，精準的退場引人讚美。

肥遯　我在豐收滿足中退場，我善用退場來獲取豐足。

險境，重獲新生。

4. 用退後來豐收，在豐收中退出。俗語說「見好就收」，收也是退。豐收就是好退，在眾人的讚美中退，在最佳的時機退收，就像在人生球門前，完美的射門得分。減重的退收是什麼？就是退在身體的臨界點。當我們為了愛吃、為了應酬、為了愛喝，把身體養胖而快要生病前，果決的開始減重，遠離生病的臨界點，如此不但美食與歡聚的享受都沒錯過，還順利逃開了處罰，就是豐收般的退逃。能一邊享用美食的生活，一邊又可以在生病之前踩下剎車，需要智慧與果決的退收行動。所以，有些人雖然跟你一塊兒大吃大喝，但是你一直胖，他不會，也許關鍵的差別就在於，他知道如何收與退。

明夷卦。

偽裝與守密

地火明夷

我用隱藏與偽裝行動，
用黑暗保護光明。

明夷卦 000101 告訴我們，有一種光明的存在，會躲起來讓人看不見，它躲在保險箱裡、在偽裝之下、在黑暗之中、在刻意的蒙騙中，因為太寶貝了，像最稀有的珠寶，一定要深藏起來，否則會被搶走，這種用黑暗保護光明，用偽裝深藏真相，就是明夷卦的世界。

人生充滿各種不為人知的祕密，因為不為人知，所以可以長久保全。我們的密碼，我們的鑰匙，都是為了保護隱私祕密而存在的設計，這也是保護光明不被邪惡所害的方法。偽裝或欺騙，是為了保護善良的我們，這是在邪曲世界的必要。在爭取勝利的爭戰中，隱藏祕密是決勝的法門，欺敵也是，兵不厭詐，保護弱小與寶貝也要如此。

爻辭

明夷於飛，垂其翼，君子於行，三日不食

我用偽裝幫助行動。

明夷於左股，用拯馬壯

我用隱藏來訓練自己的左股如馬一般強壯。

明於南狩，得其大首

我假裝要往南邊狩獵，用欺敵奇襲大勝。

1. 學會隱藏減重的意圖。任何想減重的人身邊，一定會有不以為然的人，潑冷水，動搖我們的心志。如果周圍都是愛批評、愛看好戲、愛幸災樂禍的人，那就更需要隱藏意圖，如此才能順利進行減重的計畫。當減重成為你一個人的祕密後，每一公斤的成果都會有特殊的甜蜜感——因為那些討厭的人都被愚弄了。兵不厭詐，兵者詭道也，就是明夷。

2. 找出變胖的祕密。人的腦袋很會說謊，有時連自己也會被騙。愈聰明的人愈會騙自己。一般來說，肥胖的人都很聰明，所以有很多欺騙自己的例子，旁人很難診斷出他們想隱瞞的內容與心理，只有他們自己在冥想或詰問中才能問出來。摒除一些器質性的病因，如多囊性卵巢症，其它多數變胖原因是心理、習慣與環境是可以改正的。每個人變胖的祕密不同，不能採相同方式處理。有的人為了逃避兵役，有的人為了討母親歡心而吃光母親煮的菜，有人是為了將就伴侶，有人是為了處罰自己。只要找到真相，減重的行動會更容易成功。

入於左腹，獲明夷之心，出於門庭

我深得偽裝的精髓，心意不為人知，用明白的舉止誤導大家。

箕子之明夷

我用不為人知、不改其樂來修平常心。

不明晦，初登於天，後入於地

我體驗日出日落光明與黑暗的交替，發現明暗或真假只是內心不同程度的幻覺。

3. **找出每個人減重成功的祕密**。失敗有祕密，成功也有。我的病人在術後減重成功，我問他們為何能減得這麼好，他們會講出一大串理由，但很少提到是手術的原因，因為在他們心中手術只是減重的一顆小螺絲釘，真正的原因往往是他們的想法、吃法改變了。這是每個減重成功的人的祕密。至於那些減得不理想的病人，我多半問不出所以然，因為他們會繼續隱藏他們的祕密。

4. **習慣無知與誤解**。在明夷的世界，真相是蒙蔽不清的，欣然接受自己的無知與別人的誤解，是處世的一種修行。活在騙術與誤導是人生的常態，所以要習慣它們。很多人減重是減假的，不小心假戲真做，所以減了幾公斤，原來是誤解一場。不要太在意，因為這就是世界的真相。不要為這個理由生氣憂傷，被自己騙也不用驚恐。想減重，就不要理這些真真假假的事，專心作自己，簡單的減或不減，跟真理無關，與自己和解，跟世界和解，再多無知與誤解也可以慢慢減重，人不知鬼不覺的減，然後在眾人的驚訝中成功，這是人生最富樂趣的事。

晉卦。利用群眾的讚美

火地晉

我彰顯自己的美好，
用光明照耀眾生的無知。

晉卦101000告訴我們，有一種光明的世界，是日正當中，是陽光普照，是眾生仰望皆知，是用群眾的無知製造光明的信仰，用盲從的大眾捲起了巨大的潮流，是追求大名的世界，是訊息與媒體的總合，能用網路迅速把資訊散播在世界的每一個角落，追求唯恐人不知的人生觀，這就是晉卦的世界。

求大名是人生重要的價值，那些光芒四射的偶像明星，是每個人都曾有的夢想。領袖人物也利用大名來治理國家，譬如樹立了標竿榜樣讓眾人模仿學習，用大家耳熟能祥的故事來帶領人民向上奮鬥，所以晉卦可以帶領無知進到文明的世界。相對的，晉卦對那些做壞事，暗藏不可見人的人，則是最大的恐懼。

《易經》說「晉如碩鼠。」在晉的世界，壞人往往用偽裝站在群眾面前，讓大家只看到他美善的一面，事實上他暗藏的不雅內容，就像一隻令

爻辭

晉如摧如

我渴望出名又害怕接受檢驗，我沒有自己的隱私，還冒險被人恥笑。

晉如愁如

我渴望出名，心中愁苦沒有絕對的信心，只能先潔身自好，愛惜羽毛，終於得到授福。

眾允，悔亡

我努力的原動力來自得到眾人的讚美，建立美好的名聲。

人討厭的大老鼠。晉卦的世界也充滿偽裝與欺騙，是用光明來欺騙群眾的無知，就像新聞媒體常常用假新聞來誤導群眾，如此看來，晉卦只是另一類的明夷卦。的確，人們都是用看得到的來掩飾看不到的。難怪有人說，政治是高明的騙術。從日正當中到高明騙術，都是晉卦的世界，這是我們活在真假資訊的每一天。

如何用晉卦來幫助減重呢？

1. **熱愛讚美的人生**。站上舞臺，讓眾人看清楚自己，用眾人的眼光來肯定自己，讓眾人的說法來引導自己。因為愛面子，喜歡大家稱讚，所以減重會更容易。
2. **跟隨潮流**。減重一直是愛美的潮流，潮流的力量能讓年輕人趨之若鶩，利用潮流來替自己加油，跟著潮流減重，會獲得更多的迴響和讚美，這是減重的最大助力。
3. **體驗美妙的晉世界，就是上新聞媒體**。在鏡頭前說出自己的減重心路歷程，分享成功的經驗，這是值得高興一輩子的事。我的手術病人曾經用八個月的時間，從二百公斤減到八十公斤，登上了

晉如碩鼠

我追求外在的名聲，而內在卻活的像一隻在黑暗中長大的老鼠。（比喻用外在的好名掩飾內在的惡行）

失得勿恤

我享受孔雀開屏般的好名聲，同時承擔著公眾人物的壓力，平衡了出名的得失。

晉其角，利用伐邑

我用名聲的號角鼓吹眾人跟隨我行動。

全國的新聞。他說，早知道能因此眾所矚目，他就提早五年來做手術減重。出好名，受眾人的讚美，是人生的至高價值，一定要善加利用。

4. 試著引起注意。有些人需要偷偷減重才會成功，有些人則需要眾人注目才會成功。晉的世界就是要引人注意，愈多人注意愈有效。如果偷偷減重失敗了，不妨試試後者的方法。

家人卦。

完美的組合

風火家人

我用珍惜加強美麗，
用美麗加強珍惜。

家人卦 110101 告訴我們，有一種組合是把諸多的美麗加成，組成一個更美麗的合體，就像一家人，善用每個人的角色不同，把美麗的愛與喜樂提升到更高的境界。又如寫一本書，把不同的章節組合起來，讓內容更精采充實。而我們的十二生肖，就是一個千年輪迴也不厭倦的曆書。我們的身體有各種不同的系統器官，加起來成就完美的生命體。

幾乎所有的分子都是家人卦的世界，因為它們是許多的原子元素的組成，然後產生特定的功能，建構了奇妙廣大的化學世界。所以家人卦是作家、專家、藝術家、科學家……很多「家」的共通能量，家人卦用風的組合來增加火的美麗，用分工合作來美麗，用加法來創造更完美，真是一個美不勝收的卦啊。

爻辭

閑有家

我用規矩與倫理組合一個家。

無攸遂，在中饋

我用美味的食物供養家人，居家的日常重於外在的成就，作好家人分工合作的角色，家是我生命的搖籃。

1. 以組合的方法來改善減重的成效。光用節食的方法不夠，加上運動會更好，如再加心理諮商、加營養師衛教，加開刀更快，或加上群組活動，參加登山隊，加上吃藥等等。但也無法什麼都加，家人卦的做法就是選擇其中幾樣最適合自己的方法，融入自己的特色與生活節奏，如此精選的組合，一定比自己隨便減更好。

2. 尋找減重的家人。家人往往是減重的阻力，尤其愛買很多東西請我們吃的家人，比方愛煮大餐的母親，愛帶大家吃館子的爸爸。但這裡指的「家人」不是親屬，是為了減重去找的家人，與我們有共同的減重目標，但專長不同，性情不同，彼此可以互補幫忙，分工合作。譬如營養師、健身教練、氣功老師或需要復健的病人、胖大廚，這些人在減重時會起到特別的作用，或是提供資訊，或帶領運動、調理健康餐，或讓我們在協助他復健時會心生警惕。有這樣的家人一起來減重，就不會孤單寂寞。

3. 像寫一本書，用故事來減重。故事是讓這個世界產生意義的基礎，我們要成功，要寫自己的故事。不一定要寫得多美好，只要

家人嗃嗃，婦子嘻嘻

我或哭鬧或歡笑，在吵雜又溫馨有愛的環境中長大，分享著天倫之樂。

富家大吉

我用組家的精神組織各種精良的團隊，豐富了我的人生。

王假有家

我用齊家的方法治國平天下。

有孚威如

我用家人分工合作的模式，建立事物的完美組合，組合強化了美好，組織強化了個體。

我們是主角，其中有挑戰，有困難，有敵人，最重要是有朋友和家人，一章一章的寫下去，像寫日記一樣，不遺漏任何細節，不怕任何假想與衝突，結局就是減重驚險成功了。每個故事都是一個家人，我們活在自己的故事中，這是世上最幸福的一件事了。

4. 利用家人的管理學來減重。孔子曾說「修身、齊家、治國、平天下」，齊家是修身的進階。減重是修身，用進階的齊家來減重，要求的層次更高，或許可以幫助修身達到更深、更廣。減重是一門管理學，我們已經學會高階的管理，卻忘了應用在低階的修身減重上，這是很可惜的事。把自己的身體看成一個家，一個公司，借用管理公司的方法來減重，往往有令人側目的好成績。也許你會問，那為什麼有那麼多上市公司的老闆那麼胖？對某些老闆而言，減重或許更難，問題出在他們沒有把治理公司的方法拿來減重，或說不會轉化應用。這裡面的問題，我猜想是心態問題，也許他們不認為減重很重要，沒有謙卦的願意，也許他們無法類比二者的共通點，這點是需要有高人給予指點。

睽卦。明白的分辨

火澤睽

我探求對稱的祕密，發現萬物之間既相同又相異的道理。

睽卦 101011 告訴我們，有一種智慧，可以分辨最細微的差別，可以發現事物的對稱性，可以用相對性來了解世界，用相對的思維代替絕對，就像人體有左右對稱，事物可以分有形與無形，《易經》的符號可以分成陰與陽，萬物的本質可分為虛與實、剛與柔、真與假、善與惡。所以在睽的世界，沒有最小的單位，因為再小還是可以再分成相對的二元；也沒有絕對的孤單，因為所有的孤單都內含了雙雙對對。家人卦用組合和分工合作來美化事物，睽卦則用不斷的二分來分枝開葉，產生最精細的意義。

睽卦教我們觀察有兩種，一是絕對的觀察，一是相對的觀察，這兩種觀察的結果往往不同。譬如一顆球在桌上靜止不動，絕對的觀察是它靜止在某個位置上，但相對的觀察是：它在地球上的觀察是靜止，在太空上的觀察是動的。所以說，動或靜的觀察是相對的、也是絕對的，差別在觀察者是否用睽卦來思考問題。

爻辭

喪馬，勿逐自復，見惡人無咎

我練習細心分辨的能力，如此把感官變得更聰明銳利，更能評斷事物的善惡優劣。

遇主於巷，無咎

我在小巷弄中遇到高貴的主人，主僕貞固的關係不會因相遇的地方不同而改變。改變彰顯不變，不變迎接改變。

如何用睽卦來幫助減重呢？

1. 練習把助力一分為二。把一種方法分成相對的兩種方法。減重時需要少吃是其一，加上多運動就是分成少吃與多動兩種相對，二種相對的方法一定比單一方法孤軍奮鬥更有效率。少吃可以再內分為少吃高熱量，多吃纖維質，多動也可再內分為室外的位移性運動，與室內的等張性運動。室外的運動要專門安排時間，室內的等張運動可以利用零碎時間進行，兩者並行，效果一定更佳。

2. 把敵人和困難也二分成相對的兩種。睽卦的分辨用在了解敵對者很犀利，減重的敵人就是貪吃。貪吃可分成生理性與精神性，生理性是身體因飢餓低血糖空腹感或荷爾蒙作用，產生想吃的覺知；精神性是因為無聊、寂寞、焦慮、聽人說、色香的記憶等思考活動引發的貪想。貪吃還可分正餐的和非正餐。正餐的貪吃是指在正餐時間多吃的行為，包括食物的量與質，食用的時間長短，在家與在外。非正餐性貪吃是指正餐以外的進食行為，包括吃宵夜，吃零食，聊天飲品。把敵人二分過後，就有一一擊破的可能。

3. 用二分法把握成功的細節。要把事情做得更好需要二分法的練習。

見輿曳，其牛掣，其人天且劓，無初有終

我用分辨心解剖這個世界，一刀一刀把真相細節找出來，最後看不到事物的初貌，但是看到事物的終情。

睽孤，遇元夫

我善於分明，用分來求明，成雙變孤單。好比與離婚的前夫相遇合，又分又合，我找到對稱的世界，分異又合同，分同又合異。

厥宗噬膚

我分明的心智像鋒利的刮鬍刀，小心謹慎可以刮毛髮而不傷及皮膚，去異求

我們都當過學生，一輩子都在學習。學習本身一部分就是睽卦的練習，譬如練習把棒球丟遠一點這件事，不斷練習來增加力量就可以進步，但如果增加練習關節的柔軟度，進步就更快，所以選手們在比賽上場前的熱身操，或平時操練，一定有兩種動作：一是增加肌耐力的動作，一是增加柔軟度的動作。二分法後的練習，往往更能讓我們抓住重點，更快進步。譬如討論減重的勝負在於進食的動作，可以很簡單的二分成「把食物夾進嘴巴」與「把食物吞進食道」兩個動作。把食物夾進嘴巴慢慢咀嚼不會變胖，太快吞下食物才是重點。吞太快就會夾得很頻繁，吞得慢就自然夾得慢，含在嘴裡的時間變長，吃多的習慣基本上就治好一半了。我常常告訴病人，吞慢一點才是減重的王道。這個重點提醒能讓他們的減重一下子進步神速，大家可以練習看看。

4. 適當的二分，太多的二分會增加心神的負擔，然後失敗收場。有些已經做很好、很熟練的事，硬再去二分它們，會徒增困擾，事倍功半。適當的二分可以增加效能，多餘的二分會浪費心神，分散了心力，產生矛盾，所以容易失敗。《易經》告訴我們，睽很好，用分辨相對來明白道理，但是不能濫用而增加了分心與疑心。

同的相對論說，能量與質量也可以互換，我不知道還有什麼相對的事物不能互換啊。

睽孤，見豕負塗，載鬼一車，先張之弧，後脫之弧，匪寇婚媾，往遇雨則吉

我用太多分明的心思，看見單一的事可以聯想很多的想像，一張弓也把它分成滿張的弓與鬆弛的弓，分了又分反而不明了，用太多的二分，失去了簡平，不如不分。

蹇卦。

聚連共修

水山蹇

我扛起困難，安住在危險的邊緣，得到另一種逍遙。

蹇卦 010100 告訴我們，人生會在危險前面停下，而停下來的人們會連結成一生的朋友或家人，而且困難危險愈大，連結就愈強。想像五千年前，如果前方有一條大河，水流湍急，要渡河非常凶險，我們的祖先多半會在岸邊停下，駐紮下來，沿著河水不泛濫的地區開墾，生兒育女，大河文明就此悄悄形成。危險的河水阻擋了渡河的人們，也群聚了沿河邊住下來的群聚。這種沿著困難危險的邊緣而相連相聚的本性，就是蹇卦。

用困難把眾生群聚，在困難的邊緣生養教訓，是大河文明的動力學，即使在今天的社會，我們還是會在困難的附近聚集，用最多的智慧與力氣與困難周旋，而挑戰困難是文明進步的原力，文明的內容就是解決困難的紀錄。

人生也是如此，生活中的困難是一條無形的大河，它擋住了我們前進與穿越，也團結了更多的同志。蹇卦說「大蹇朋來，往蹇來連。」當前方

爻辭

往蹇來譽

我往困難與危險前進，回來的是眾人的讚美。

王臣蹇蹇

我在主從關係中遇到重重的困難，因為雙方都不願意反身思考對方的立場。

往蹇來反

我向困難與危險的方向前進，在相反的方向找到容易與安全。

的困難愈大，兩旁聚集的朋友就愈多。前方的阻擋加強了兩側的連結，前方的困難號召了後方的幫忙，這就是蹇卦的大河文明。

如何用蹇卦來幫助減重呢？

1. **研究減重的大河，保持安全的距離**。每天都有幾億個人在減重，每天都有人在變胖，食養文明本身就是減重的大河，阻擋了減重的順利前進。而減重的人沿這條河住下來，也聚集了很強的減重文明：從衛教到用藥，從運動到手術，從行為到心理，從偏方到學術，五花八門。每天我們在這條河汲取食養，但又警告自己不要掉到河裡，掉到河裡有時會救不回來，變成一輩子的病態肥胖病人。減重的心法就是靠近大河，但不掉入。萬一掉入了，也要盡快回到岸邊。河邊就是我們變胖的極限值，不要讓自己跨越它而葬身魚腹。

2. **學習知險而退。把心安住河邊的遠處，不要輕易冒險**。人們太貪心河中的食養，有時會被泛濫的河水淹沒，離河邊遠一點，被淹的機會就少些。減重成功後有復胖的問題，遠離河邊就是把減重的

往蹇來連

我挑戰前方的困難與危險，在作戰的邊緣竟連結了堅強的盟友。

大蹇朋來

我遇到的困難愈大，得到的幫助愈多。有時困難像朋友，幫助了人生的強壯。

往蹇來碩

我往最困難邊境的深入，得到最豐碩的成果，借著向困難的推進，我擴張了簡單的疆界。

極限值訂低一點，不要等到超重很多了才開始減重。知難而退不是教人不要減重，是教人不要輕易掉入肥胖的大河後才來求救。

3. **慎選工作環境**。如果是工作或環境的關係讓我們變得很胖，又一時回不到岸邊，怎麼辦呢？工作如果是一條太大、太凶險的河，會把肥胖的危險帶進人生，這時就要換一條小河，不要為了應酬而吃胖、喝胖。不要用健康的代價來賺錢，這樣賺到的是辛苦錢。換一條小河，簡化自己的工作應酬，自然可以回到岸邊。

4. **練習靈活的方向感**。**往前的困難，就是往後的簡單**。容易變胖的生活，減重就很難；變胖很難的生活，減重就很簡單。思考自己生活的方向感，如果全部都是變胖很容易的內容，就要虛心做出改變。這時候可以遷移他地，找一條變胖很難的河邊住下來。蹇卦告訴我們的生活態度，就是往前很難時可以往後，不然就往兩邊與人相連相聚。

解卦。

解放心魔

雷水解

我提升原諒的高度，
解開禁錮怨恨之心。

解卦001010告訴我們，如果身心掉入危險與困難的大河，要趕快游上岸，脫離險境。我們的心存在萬種危險的想法，其中最危險的心魔是仇恨與不諒解，會毀滅一個人一生的幸福快樂。用慈悲與原諒解放我們仇恨與不諒解的心，就是解卦的能量。能困住我們的心的，也不只是仇恨，還有上癮、愚蠢、狂妄、貪婪、不義等。如果說蹇卦是沿著河邊住下來，那麼解卦就是游上岸，離開危險的河水。

我們的食物要被身體利用前，一定要先消化到很小的分子，才能再被利用，消化的過程就是解。冬天時，萬物被冰封住，等到春天冰溶解了，萬物復甦，也是解。解卦可以是游上岸，也可以是消解冰石之物，讓身心重返自由。練習解卦，我們就不易受到惡習與病痛的綑綁。

爻辭

無咎

我養成不隨便怪罪的習慣，開始原諒的修行。

田獲三狐，得黃矢

我用一枝箭射中三隻狐狸，狐狸身上的箭還可以回收。（比喻原諒的豐收的是珍貴的心氣壯闊，有得無失，不可吝嗇）

負且乘，致寇至

我背負著不原諒的自大，卻要求別人承載我的過錯，混淆了原諒與罪罰的

如何用解卦來幫助減重呢？

1. **朝正確的方向離開危險。**如果生活在不如意的環境，不要愈陷愈深，要改變方向，迅速找到解困的方向。減重的方向很清楚，就是遠離肥胖的方向。不是順著肥胖的河水漂流，是往岸邊游。河水中雖然有很多食養文化的誘惑，但是對健康的破壞是巨大的，要趕快上岸，改變生活的方向，遠離肥胖。

2. **解開枷鎖。**肥胖的人心中有很多枷鎖，生氣的、無聊的、寂寞的、自閉的、憂鬱的、自責的、自暴自棄的。這些枷鎖若不想辦法先解開，減重就不容易成功。放下、離開、捨去、和解，都是解卦的能量，可以治療很多肥胖的心理糾結。

3. **就近瞄準撲殺。**《易經》解卦上六爻辭「公用射隼於高墉之上」，意思就是要先靠近目標，才能精確瞄準，一箭射殺高飛的鳥。原諒或和解是一種射箭術，而精準射箭的條件就是就近瞄準目標，不是遠遠瞄準。距離愈近，愈有機會百發百中，比喻減重不能只是高談闊論，要就近執行，每天不斷。就近的意思是在每一餐、每一口的當下，立即撲殺貪吃與快吞的惡習，建立細嚼慢嚥與有所

尊卑，導致盜匪來掠奪我的幸福。

解而拇

我練習原諒，有時它很容易，就像把拉弓的拇指放開，讓原諒的箭飛射而出一樣。

君子維有解，吉，有孚於小人

我發現君子與小人的差別，君子用維纜約束自己，擇善固執，用原諒之心寬容逍遙，將心比心，小人做不到。

公用射隼於高墉之上，獲之無不利

我發現怨恨是一隻猛鷹，善於飛高控制我們的靈魂，我必須提升我原諒心的高度，才能用原諒的箭將牠擊斃。

不吃的好習慣。的確，有時候我們一直無法有效改變習慣，原因是我們用太遠的距離瞄準目標，所以百射不中。靠近，再靠近，然後一箭射中。

4. 相信凡事皆有解。沒有解不開的困難，只有解不開的愚蠢。減重一定可以成功，只要找到適合自己的智慧。很多的困難是自己添加的，只要願意，抬高拇指就可以解開（解而拇）。當初加上枷鎖的想法，一定有對應現在的解法（君子維有解）。

損卦。減法的能量

山澤損

我用減法實踐簡單，生命因割捨而完美。

損卦 100011 是一個很特別的卦，它是周文王給予最高讚美的卦之一，他說「損，元吉」，能夠善用損的力量，是最大的吉祥。損卦是剝卦 100000 與臨卦 000011 的合體，臨卦是靠近眾生，剝卦是最高的境界，所以兩者相合，就是靠近生命的一種最高境界。損卦告訴我們，有一種減法，減去多餘，靠近完美；減去尖銳，留下圓滿；減去自私，剩下皆大歡喜；減去自己，發現眾生；減去重的，留下輕的。

人生中的加法很多，但先要執行減法才能空出位子去加，譬如要專心一件事情，便要先減去其它的干擾和雜念；要重新裝潢家裡，便要先移開舊的傢俱。所以，損卦是一種加法的先鋒部隊，把空間與時間先空出來，好讓更好的加法得以實踐，這種先減再加的智慧，是損卦的能量。

減重的本質就是損卦，減去多餘的體重，減去多吃的習慣，留下健康與美麗的體重。老子的《道德經》說「為道日損，損之又損，乃至於

爻辭

已事遄往，酌損之

我善於停下手邊的事去幫忙別人臨時的拜託，習慣小小吃虧的生活。

弗損益之

我的差別心讓我太主觀固執，我把差別心停下來，與眾生禍福與共的感覺讓我很快樂。

三人行，則損一人，一人行，則得其友

我一次只專心愛一個人，在對等的世界裡，待人不

無」，說得就是損卦的智慧。

如何用損卦來幫助減重呢？

1. 先從容易的小地方減（酌損之）。豫卦時，我們提到減重要從容易處下手，損卦是割捨舊習，本來就不容易，所以要從好減的地方下手。

2. 身輕如燕之前，先讓心簡單輕鬆。傳說周公「一飯三吐哺，一沐三握髮」，意思是說，他可以隨時中斷正在做的事情，來將就別人的要求，來立即回應別人的到訪。這種修養，就是心的簡單與輕鬆，隨時可以停止自己，應付環境的變化。我看過有人可以利用很短的時間來讀書，很快的放下自己來回答別人，這種很會停止自己的輕功，自然受人敬愛，也很容易專心，不需要很長時間的加速與啟動，所以不笨重、不執著、不頑固。

3. 常常整理環境與心事。很多人常年愁容不展，心中總是堆滿了憂鬱，房間更是堆滿雜亂的物品。損卦教我們要常把空間與時間整理出來，才能身心輕鬆，做事迅捷，遊刃有餘。要減體重之前，

可貪多出軌。

損其疾，使遄有喜

我有魯莽急躁的毛病，我用損來把心變慢變寬，養成可喜的性格。

或益之十朋之龜，莫克違，元吉

空間與時間是生命的大舞臺，上帝賜我無限的時空任我悠遊，是我無法拒絕的大愛，我學習割捨與給人大大的舞臺。

弗損益之，得臣無家

老子說「為道日損，損之又損，乃至於無」，把損益心也減去了，減到無我，就復歸自然了。忘了家事，等同得了良臣輔國。

首先要減去心中的重量重荷，讓自己不被心事壓扁。

4. 不斷以精細的加減微調來達成完美。損卦說最高的境界是「弗損益之」，不用加、不用減，達到最完美的境界。在最完美之前，當然需要許多精細的微調與酌損。也就是說，沒有永遠的完美，只有不斷微調來維持的完美。減重的過程也是如此，減到最後，每一餐都為了完美的體重在微調，心中的逍遙輕鬆也要不斷的整理才能得以維持。

益卦。加法的回饋

風雷益

我學習加法的人生，
用感恩與讚美祈求幫助。

益卦110001是一個很吉祥的卦，周公給了這卦兩個最高的讚美，分別是「利用為大作，元吉」，與「有孚惠我心，勿問元吉」。前者的意思是說，用益卦的加法，可以在眾人之間連結巨大的合作能量，如此可以完成不可思議的大事業。後者的意思是說，人與人的互信與感恩是對心性最大的滋養，大信之下心靈串連相通，不用理會小小的疑問，這是最大的吉祥。所以益卦在講加法，人與人的加法，心與心的加法。

學習就是為心加入有用的學問，交友就是為人生加上可貴的友誼，合作就是為事業加上諸多的幫手，感恩祈禱就是讓心與神明連結。我們用加法連結了整個世界，還有神的愛，以及無遠弗屆的信仰，這些都是益卦的能量。

爻辭

利用為大作，元吉

我用加法替自己加油，盡心盡力幫忙眾生，也呼喚眾生的幫忙，我善用加法在有生之年完成偉大的事業。

或益之十朋之龜，弗克違，永貞吉，王用享於帝

神賜給人類無限的時間與空間，這是人生可以任意悠遊的舞臺，我也用感恩與祈禱回應祂。

如何用益卦來幫助減重呢？

1. **尋找合作的力量。**一個人減重很孤單，兩個人有伴，許多人就非常有力。加法用對了地方，就像兩隻手會比一隻手更好用，能做出更多困難的動作。這個世界充滿左手幫右手這類互相幫助的力量，只要我們願意去加。

2. **用幫他人減重的心，幫助自己減重。**小學時，老師會把最愛吵鬧的同學選為風紀股長，讓他管理同學們的秩序，結果這位風紀股長不但把全班管理得安靜有秩序，最重要的是也把自己管好了。我經常跟病人說，找個需要減重的朋友幫他減重，自己就會很快瘦下來，認真執行的人幾乎都成功。這是因為益卦的能量太大了，「助人者，人恆助之」，幫助他人的心往往會回饋到自己身上。此外更是天助自助，天助的力量就是借用幫助他人的心，轉化到我們的身上。

3. **讓感恩的心，謝謝的話，每天相伴。**感恩與謝謝藏著益卦不可思議的能量，一般我們會以為是先受福得惠，然後才需要感恩說謝謝，其實不然。往往我們是先說謝謝與感恩，福惠才會跟著上身。

益之用凶事，有孚中行，告公用圭

幫忙無所不在，最大的災禍引來最大的幫忙，人類用幫忙平衡災禍，而且要即時救濟。

中行，告公從，利用為依遷國

我依大家的共識來溝通幫忙，動員全國的力量，甚至連遷都的大事都可以完成。

有孚惠心，勿問元吉，有孚惠我德

我相信幫忙的力量無所不在，相信幫忙相信，感恩召來恩慈，不用求神問卜也必定吉祥。信心幫忙美德。

我們的心如果加滿感恩與謝謝的能量，就像加滿油的跑車，可以極速奔馳。反之，充滿怨怒不平，則只能尋找慰藉大吃大喝，甚至自暴自棄。要常常替心加滿感恩的油，才會有福氣減重成功。

4. 借用信仰的力量，祈禱、祈求神明幫忙。向神明祈禱，把自己交給神明，聽從神明的指引，往往比自己用意志力來硬拚容易成功。每個人都有一定的神性，與神相連的能力。當自己無法改變自己，幫助自己，就讓神來，用祈禱，替心加滿成功的信仰。

莫益之，或擊之，立心勿恆，凶

我有時失去幫忙的心，產生攻擊破壞的心，強國攻打弱國，世界動盪不安。

夬卦。

精密的設計

澤天夬

我用明快決斷戰勝優柔寡斷，我用一顆按鈕啟動一個世界。

夬卦011111告訴我們，有一種快而迅捷的力量，是借著剛強對柔弱的尊重、聽從來設計，好像手槍的板機，可以用手指輕輕一扳，就發射一顆子彈，殺人於千步之外。有一種訊號或號令系統，一經發動，可以瞬間動員千軍萬馬，就像我們身上的荷爾蒙，一個分子可以發動一個青春期。很多的競賽或武術，比得是如何動作更快。更快是武功的修為的目的，更快是戰爭取勝的條件，更快是能量的作功，是枝葉占有陽光的生存競爭，是人類與時間競賽的工藝，是人工智慧運算的比賽規則，是有限的生命探討無限時空的方法。夬卦的能量除了快以外，還有果決，在最短的時間做出重大的決定，這是很多名將與企業家作戰勝利的特質。

爻辭

壯於前趾

我用最小的前趾跟人比賽強壯，一點也沒有戰勝的把握。

惕號，莫夜有戎

我用最響亮的號角動員團隊戰鬥，即使敵人深夜來偷襲也能應付自如。

壯於頄，君子夬夬

行動果決的人臉色不會猶疑，即使孤軍奮鬥也有必

如何用夬卦來幫助減重呢？

1. 用快來檢視自己。與快作對的能量是猶疑不決、是弱質的力氣、是散漫的組織、是排斥的心理、是逃避、是無法專心、是欺騙自己。這些阻礙我們行動快速的因素，往往也是阻礙我們減重成功的因素。用快來訓練自己的行動力，生命會更富精神力氣，要更快，或許要有損卦身輕如燕的特質，有咸卦感覺敏銳的特質，有復卦一再修復的能量，有豫卦行事無阻的歡喜心，有謙卦凡事願意的胸懷。所以更快是很難的修練，但也是做事成功的基本特質。

2. 快與容易互為因果。容易的事可以快快完成，果決明快可以把事情變容易。很多的困難是臨陣不決、舉棋不定、優柔寡斷，果決可以把它變容易。果決就是先做再說，充滿勇敢嘗試與不怕失敗的精神。在夬卦的教訓下，減重不需要很多周全的計畫，是先做再講、再修正的小事。快了就會專心，專心了就不再困難。

3. 向葉子學習。在公園裡小坐，看看枝頭上的綠葉迎著陽光，每一片葉子都不敢怠慢，因為不爭取一點空間讓自己照到陽光，生存就受到威脅。所以每片葉子都須努力為自己爭取一道陽光，這是

勝的信心（像荊軻刺秦王）。若只會用臉色恫嚇，心事雜亂，戰勝的希望渺茫。

臀無膚，其行次且，牽羊悔亡，聞言不信

我的作戰團隊傲慢不聽號令，同志內鬨，像一隻急躁的羊被牽到陷阱中，像一個大臀少了一層皮，行動一跛一跛的。

莧陸夬夬

我的作戰學習莧陸草，用最短的時間長滿地上的空間，在密密麻麻中強化剛柔合作的技巧，是把剛強壓縮到極小空間的密技，貯備最大的爆發力，總是迅雷不及掩耳消滅敵人。

植物界的金律。如果減重時學習葉子，有一種不努力就呼不到空氣的自覺，相信減重一定會很快成功。生死關鍵的迫切性，是一種很大的能量，叫「求生欲」。好逸惡勞是人性通病，可以用求生欲來改變它們，用求生欲來減重，簡直是不費吹灰之力了。

4. **練習號令系統，提高自己的動員力。**去逛公園不用動員，去北極探險就需要動員。人生遇到重大的轉折或挑戰，就需要動員，經常在生存邊緣生活的人或許就時常需要動員求生。動員一個人已經很難，動員一群人就更難。動員的條件是要有號令的系統，我們的身體在與細菌作戰時，就用到很好的動員號令，所以身體會發燒、會增生白血球、會製造抗體、會加速新陳代謝。這些反應都有很精細的號令傳達系統來指揮協調。

5. **減重是大軍團作戰，所以當然要有一定的指揮與號令系統。**在減檢討重失敗的原因中，沒有好的指揮系統是常見的原因，譬如因為減重的關係，病人前幾天才拒絕了一次聚餐邀請，這兩天卻為了另外兩次聚餐的邀約，放棄了減重的時程，而後又為了幫朋友慶生大吃了一天，為了安慰爸媽吵架又陪伴吃了宵夜，每天都有新的事故來違背減重的命令，這種減重當然不會成功。

無號，終有凶

我用號令統御作戰的系統失能，軍閥各自為政，天下動亂。

姤卦。活在空隙中

天風姤

我用最輕、最慢的方法征服天下。我學習病毒用不知不覺的感染繁殖與宿主長久共生。

姤卦 111110 告訴我們，有一種生存成功之道，不用快，而是用慢。慢慢的相遇，相溶，活在宿主的空隙間，不知不覺一起活一輩子，像病毒、像我們腸子內的大腸菌，它們用寄生、共生的方法與宿主一起生活，有時在適當的時機會大量繁殖，取代宿主。這種以很慢或不知不覺的共生存活的方法，就是姤卦的能量。

在人類的世界，我們都是某種寄生者，寄生在社會的某個角落，靠許多人的生產來確保我們的生活周全。當然我們也會以我們的生產來回饋。所以廣義來說，社會的分工合作是一種寄生或共生的現實。

寄生的成功之道很有智慧，它不用戰爭或殺生的方法來取得勝利，而是用共生與交換的方法來共榮共治，是一種沒有占有的占有，沒有勝利的勝利，沒有死亡的成功，如果沒有很多共生的物種，人類的健康也許不易保持，所以說，姤卦是一種生命成功的演化。

爻辭

繫於金柅，羸豕孚蹢躅

我學到一種共生之道，像最柔的絲線可以纏繞最剛的金柅，像馴化的豬竟讓人類甘心養殖它幾萬年。

包有魚

我學魚用它的可口與柔弱滲透進入主人家的廚房。

臀無膚

我看到長臥的病人臀部長出了褥瘡，原來細菌利用病人沒有知覺的皮膚來侵蝕，侵蝕的要訣用慢。

如何用姤卦來幫助減重呢？

1. 利用共生的觀念，譬如把減重寄生在賺錢的行為中。減重也許不是我們生活的第一價值觀，但是可以和任何價值觀共生。譬如說，我很喜歡賺錢，是個工作狂，很期待功成名就，那就把減重的工作悄悄植入賺錢的觀念中。不一定要用和人賭錢的方法來減重，但是可以把成本與盈餘的概念加入體重的選項。如果肥胖十公斤而得糖尿病會損失一千萬，結算下來一公斤體重價值一百萬；如果胖二十公斤而得心肌梗塞會損失兩千萬，那麼再加一公斤就得多花一百萬、脂肪肝二十萬、高血脂三十萬……其實算下來，每一公斤的增減都是錢。愛賺錢就是愛減重。

2. 了解與肥胖共生的寄生現象。肥胖症的難解與常見，正是一種廣泛的寄生共生現象。那些宿主身上寄生了大量的胖胖蟲嗎？是的，吃是成長的必需，也是母愛最實質的內容，也是建立友誼的觸媒，所以胖胖蟲從小就寄生在我們的日常生活中。這種寄生現象是無法一朝祛除的，只能做有限度的修正。也就是說，胖胖蟲存活在我們的身心之中是必然的，無法迅速絕除，所以只能繼續共生，

包無魚

我的柔在剛中寄生，慢慢成長，化成剛的模樣，造成眾剛的矛盾與爭執。

以杞包瓜，含章，有隕自天

人生充滿多元而驚艷的遇合，卑微的女子得到國王的寵愛變成皇后，最高貴的杞葉可以包裝最便宜的瓜果，高高在上的天也用隕石來訪大地，造成地球生態巨大的改變。

姤其角

我失去了溫柔，用堅硬的角代替熱情的擁抱，與人遇合像在決鬥，沒有好下場。

合理的共生。

3. **讓減重與變胖之間談和。**母愛與美食相連結的記憶是真的，但也是虛的，是真的存在過，但是在減重時它是不用一直強調與重複的。美食與友誼，與愛情，與自我獎勵的相連也是真的，但也是虛的，是可以暫時不去強調的。如果因為母愛的回憶，友誼的期待，自我安慰的需要，就完全不能發動減重的行為，這樣做是活在虛幻不實中。所以辨清楚虛實的不同，說服自己，不再固執要保護那些胖胖蟲。

4. **用最慢、最溫柔的方法改變自己。**溫柔的方法就是有耐心的方法，用很長的時間去改變一件事，包含了謙虛（謙），輕鬆（豫），紀律（師），堅持（剝），交好（比）等能量的組合，這正是姤卦溫柔與耐心的能量。

升卦。以虛勝實

地風升

我擁抱虛空，
學習升華與逍遙自在的人生。

爻辭

允升，大吉

所有阻止我上升的力量都消失了，所有人都同意我的上升，我的上升得到一切的祝福。

孚乃利用禴

我用簡約的祭品拜神，信仰堅貞不會計較祭品的多寡，因為信仰已經升華。

升卦 000110 的結構告訴我們，這是風的行動，從地表往一望無際的天空不斷的升高。風與石頭比，是更輕、更自由無定形的存在，所以升卦代表水氣在風中蒸發的樣子，沒有一定的形狀、目標、規則，只有自由，愈來愈亂。升的方向是向高，但是過程卻是亂吹的，沒有秩序的。熱力學原理中，有個亂度值，說明了熱力學的發展是往亂度愈大的方向進行，所以升是往亂度更大的方向進行，或說是回歸混沌的方向進行。

《莊子》的〈逍遙篇〉主張，人生應該追求最大的自然與逍遙，逍遙與自由就是升卦的能量，無拘無束，由實化虛，隨風逍遙。可是逍遙也不是唯一的升卦能量，《易經》說，還有升階，一步一臺階的升，是又穩健又漸進的升，這種升才是人世間最踏實的升。

如何用升卦來幫助減重呢？

1. 練習升虛離實的想像力。虛與實都是人生的必需，水與食物是實的，飢渴與滿足感是虛的。金錢與權位是實的，成就感與榮譽感是虛的，每一件事都有虛實的面向。有時候我們可以將它們分離開來，有時候不容易分。譬如吃一塊炸雞，增加了兩百卡，這是實的；而心裡的滿足與愉悅的感覺，是虛的。如果我們可以用看的，想像我們已經用眼睛把它吃下肚子，像作夢時一樣，也可以有相當的滿足與快樂，這樣一下子就少攝入兩百卡的熱量。想像力可以部分取代真實的吃食，因為所有因美食產生的愉悅，其實都已經記在我們的心裡了。這種以虛代實的做法，可以平衡減重時的辛苦與不適，非常的有用。

2. 升華與超越。有時候生活遇到阻困會很懊惱，會焦慮不安，甚至身心失衡，這時候我們需要升華與超越。很多人過多飲食是因為身心的失衡，產生以實代虛的行為，用吃東西來平衡心理的不快樂，這是肥胖者常用的方法。所以升華，就是想出一個想法讓自己超越負面情緒的包圍。凡事往好處想就是升華，幫心情的焦慮

升虛邑

我登上一處沒有人的空城，我要把人口找回來，空城才不會衰敗，虛空是實的上升，充實也是虛的提升。

王用亨於岐山

敬神是人心的升華，神我看不到，是虛的，但祭拜是實的，信仰是虛的，對人生的助益是實的。我更謙虛敬神，我的王道更實受愛戴。

升階

我用爬階梯的方法一步一步向上，因為我不會飛。升華既是向上求更大虛空，作法卻是往下踏實每一個小步。

瘦身就是升華，把煩惱截去丟掉就是升華，把自己的多愁善感丟棄也是升華，把被美食綁架的理由丟掉更是升華。

3. 升階。一步升一階，既安全又進步，運用在減重上，就是每次升一個臺階，不是兩個。不貪進，也不落後，每天都有低微的進度，這是人類爬高山的方法，不用跳的，也不用飛的，兼顧革舊與迎新的兩面做法，總是一階一階的爬高，所以不會一下子跌很深，也不會很勞累。

4. 冥升。每天要處理的、學習的、忍耐的事那麼多，我們的心很勞累，所以讓心休息是必需的。有充分休息的心要做任何事都會更有力氣。有一種靜坐可以讓心完全休息，在冥想中心情能鬆散蒸發，讓不快樂如水蒸氣消失在大氣中。很像電腦當機時，我們重新開機一樣，冥升的過程就是讓心重新開機，用很遠的距離回看自己，往往會看到一些毛病，看清一些偏差。常常靜坐可以幫助心的修正，讓食慾正常化，個性穩重與溫柔，這些都是減重成功的特質。

冥升，利於不息之貞

我用冥想讓心靜空，提升心的境界，加強心的安定厚實。

萃卦。創造結晶

澤地萃

我學習專心與聚焦，
為人生找到秩序與安心。

萃卦 011000 告訴我們，與升卦相反的，是結晶的過程，也就是把眾多飛散的原子收納到晶格之中，讓它們變成像金剛鑽一樣堅實的結晶體。水氣蒸發是升卦，水蒸氣凝結成冰就是萃卦，是先聚集然後排列整齊，從散亂不安的氣體變成安定的晶體。聚集是人類群居的天性，但是整齊排列與變成金剛鑽的過程就不是天性，是經過智慧的管理與努力維持才可得到的境界。

我們的社會很安定繁榮，是經過很多倫理的、風俗的、法律的約束才達到的。社會秩序的建立，要作很大的功，用很多司法官、警察，甚至宗教、禮儀的幫忙才得以呈現。所以萃卦的過程要作功，要付出代價，要為了大眾的安定而犧牲一部分的個人自由。愈堅固的結晶體，要求個人犧牲的自由就愈多。

《易經》說，每顆原子在進入它的晶格之前，都會為了即將喪失自由

爻辭

有孚不終，乃亂乃萃，若號，一握為笑

我用聚多來建構純一的結晶，過程很辛苦，最初眾人意見紛亂，沒有共識，這時我出來安撫眾人，一一握手，把眾人的哀號變成笑聲，如此我們有了共識。

引吉，孚乃利用禴

我用導引的方法建立共識，用簡單的祭品祈禱，純化內心對神的信仰。

而痛哭流涕。的確，安分守己，喝酒不開車，很多禁令是萃卦的工具。在安定的環境中，有所不為的禁令是必需的。

如何用萃卦來幫助減重呢？

1. **群聚減重的人**。很多人用運動來減重、用簡食來減重、用分享的團體來減重，向他們靠攏，並同時遠離增胖中的人群，譬如常常暴食暴飲的那些人。

2. **列出禁令的清單**。為了讓減重更有遵循的底線，把最容易變胖的一些行為列出清單，譬如不去吃到飽的餐廳、不喝全糖的飲料、不吃宵夜、不喝一瓶以上的酒類，甚至更直接的約制自己，胖到幾公斤以上，要賠多少錢給監督的人。

3. **把減重成功的經驗結晶化**。我們都有成功完成某些事的經驗，這些事件的內容多半會有一個特色，就是它們包括了很多結晶化的智慧。一位得獎的選手，從訓練過程到比賽得獎，一定有多到說不完的故事。不但如此，他往往也能夠把這些故事結晶化，變成一兩句核心祕訣，讓自己往後的成功有可依循的因果關係。結晶

萃如嗟如

人們在純一的過程抱怨連連，我在哀聲嘆氣中開始聚焦專心。

大吉無咎

鑽石因為純化結晶所以貴重，我因為專心聚焦所以發現智慧，人生因為簡約所以井然有序，幸福是在秩序中找到安心。

萃有位

我替每個人找到合適的位子，如此安定了團隊。命運也為每個人找到一些位子，有人滿意，有人不。結晶的優劣靠原子的位子安定，社會的安定靠眾人的位子安排滿意，位子的安排設計是藝術、是倫理、是政治，是大數的管理學。

化是成功的祕訣，在兵法上，稱作「集中攻擊」與「防守」，一如金剛鑽。減重失敗的原因，有時不是當事人不努力，而是做法太鬆散，雜亂無章，如無頭蒼蠅，自然成效不彰。

4. **生活要嚴緊自律，不可過分浪漫。**有一半以上的肥胖者是浪漫主義者，他們在享受美食時都有一千個浪漫的理由，譬如享受當下，愛在杯中，今晚不談體重，讓我的胖來讓你安心……。即時行樂的人生觀很浪漫，但嚴謹自律的人生觀更可敬。愛自由很好，用更健康的自己來享受更大的自由，去愛更多的人，不是更好嗎？

齎咨涕洟

在純化與結晶的過程我心如刀割，為了完成大我，小我被犧牲了，有人大哭大叫，涕淚縱橫。

乾卦。飛龍在天

天為乾
我要變成一條強龍，飛上天去。

乾卦䷀是《易經》的首卦，但是我沒有放在減重介紹的第一卦，原因是我認為它的能量太強，不容易做到，所以放在中間才來介紹。乾卦是最強的純陽爻所組成的，所以有最強的剛與變化的能力，像飛龍一樣，或說像會七十二變的孫悟空一樣。我們常聽到的「天行健，君子以自強不息」就是乾卦的象辭，是人性中不屈不撓，像天道運行不停的剛毅之氣。它的變化也多，從潛龍勿用，見龍在田，終日乾乾，或躍在淵，飛龍在天，到亢龍有悔，總共有六種不同的能量。

《易經》說，有六種龍的智慧與修練，一是潛藏，因為不讓人知道，所以像隱形轟炸機一樣強。二是深耕基層，因為不避下作，所以大得人心。三是敬慎恐懼，勤快負責，所以不易犯錯。四是勇於嘗試冒險，不因順境而安逸，常思革舊佈新，超越當下。五是能人所不能，不但會飛，還能開創自己獨享的天空。六是超越前人，向金氏世界紀錄挑戰，後悔收場

爻辭

潛龍勿用
我還弱小，先學潛藏水中來自保。

見龍在田
我稍長大，先在田中耕耘，是龍的札根工作。

終日乾乾
我更懂事，做事更小心負責，開始與人競爭。

或躍在淵
我更積極向上，知道能力與地位的不足，不忘嘗試躍高突破困境。

也不覺得可惜。

這六項修練真的不是凡人可以想像的，但也不是不可能。依我的觀察，在我們的身邊，不乏這種人中龍鳳的存在。怎麼說？每當我看到一些殘而不廢的人、一些在受苦中微笑的人、在缺乏時還慷慨分享的人、為了別人願意犧牲自己的人、創業養活千萬人的企業家、在雨中修路的工人、在崗位上盡職的人，甚至在路口賣玉蘭花的人等，我都看到乾卦的能量。我們都是自己生命中的龍，只是有時沉睡不起，有時太驕傲不想管別人的想法。

如何用乾卦來幫助減重呢？

1. **喚醒自己心中的龍。**再像蟲的人，心中都有一隻龍，經過訓練，它會飛、會創造自己的天空、會破自己的紀錄、會把應該的事做好、會革舊佈新、會勇於負責、會耕田（做最基礎的勞動而不覺恥辱）、會隱藏（防護自己的弱點）。真正的龍會七十二變，而減重是一念之間的事。
2. **戰勝自己。**減重的本質就是戰勝自己，因為變胖的是自己，減重

飛龍在天

我已有擁有龍的大能力，又贏得一飛千里的天空與舞臺。

亢龍有悔

我挑戰極限，難免失敗有悔，但也不枉我作一條龍的膽識。

自己。

的也是自己，自己和自己作戰，這是世上最慘烈的戰爭。不過龍的考試就是戰勝自己，用對的、好的自己，戰勝錯的、不夠好的自己。

3. **和天道共鳴**。龍會飛天，所以接近天道，天道是以千萬年計的，也是用天去累積的，是恆常與變化的合體。人生要常勝，更是要知變與守常兩樣精通。

4. **作大家的標竿**。王者不是靠他力氣大，而是看他能否保護最多的人。智者不是靠他一個人聰明，而是看他如何教化最多的人。最強的人，是把最多的愛佈施給最多的人。一個人能減重成功，也許值得讚美，但若能鼓勵千萬人也減重成功，那麼他一定是一條飛龍。乾卦是大愛與大勇，自強不息還不夠，要讓眾生都強，都健康快樂。

䷁

坤卦。以柔勝剛

坤為地

我學習地的溫柔，承載萬物。

爻辭

履霜堅冰至

我學柔軟的霜，承受踩踏，漸成堅硬的冰。

直方大

我學無盡的時空，供人悠遊，不曲所以直，不圓所以方，不圍所以大。

含章、無成有終

我隱含美麗的珍珠在口中（不炫耀），交朋友不求目的，要求最少所以關係最長久。

坤卦的結構000000告訴我們，有一種能量，是空的、虛的、柔的、順從的、服務的，像大地默默承受眾生的重量，像母愛無條件的供養小孩的成長，像馬無主張的為主人拉車運載，像無垠的時空，供宇宙任意的膨脹，這就是坤卦的能量。《易經》說，坤卦也有六種修練，一是溫柔被踩踏，由柔軟的霜變成堅硬的冰。二是方直正大，沒有私心，不會曲巧。三是包藏優點，不求名利，只溫柔服侍。四是作馬的特質，不生區別心，被人騎，任人驅使，不擇自己的路。五是盡心做主人喜歡的事。六是隨時犧牲自己來保護主人，所以坤卦的吉祥物是馬。

如何用坤卦來幫助減重呢？

1. 當一匹好馬。好馬的條件是腿力要強壯、要聽話、要溫柔體貼、要心中有神有主人、要願意犧牲。如果是為了心愛的人而變胖，像是常陪愛人吃宵夜，這種胖是無辜的，我也無話可說。如果只是自己的傲慢、怠惰，失去了願意的心，那麼坤卦的能量可以立刻反轉變胖的生活。

2. **認一個好主人。**這個主人可以是一個敬愛的長者、智者、老師，好好聽他的教誨，做他勸告的事。如果這個主人是宗教的神或菩薩，那麼威力更大，虔誠的信祂，服侍祂的旨意，享受祂的恩寵。減重是對神約定，是用愛自己來回報神的愛，減重需要愛的力量，對神的愛，對自己的愛。

3. **在主從關係中練習柔與剛的變化。**《易經》說「履霜堅冰至」，意思是最柔軟的霜因為願意被萬人踩踏，漸漸變成最堅硬的冰。所以至柔的願意，是修練至剛的必經之路。心中有神與信仰或理想，都是有主的人，他的行為舉止會有一份溫柔與願意，不會動不動就反對，就講條件。我們會先做我們喜歡的、上癮的事，再做我們認為對的、應該的或合理的事。練習到後來，只要主人說合理、說喜歡，就算不合理還是不喜歡的事我們也會做。當心性變軟柔了，我們的能力會變得更多元與有彈性，耐心變多，吃苦也

括囊無咎無譽

我不說別人的是非，不去怪罪或讚美不相關的事。

黃裳元吉

我學習當僕人，當主人最華美的衣服，當一個最值得疼愛的伴隨。

龍戰於野

我隨時願為別人犧牲作戰。

甘之如飴，我們會從一匹弱馬、劣馬變成一匹神駒，馳騁天下，滅重也會迅如閃電。

4. 同時作自己的主人與僕人。這是最難的修練。以前我以為事情做不好，是自己的智慧不夠，努力不夠。後來修了坤卦，才知道生命的行動需要兩種角色，一是作主人，一是作僕人。前者計畫策略，後者服務犧牲。我們是自己的主人，也是自己的僕人。僕人的品質決定主人的執行力，如果僕人是個叛逆者，主人只能一直空想尋找替代。如果僕人是忠貞、勤快、謙虛，主人的想法很快會被奉行無阻，完成一生許多偉大事功，易如反掌。所以偉大的主人必須依靠一個忠僕來侍奉一生。如果他沒有一個幫他執行實現的僕人，主人的偉大不會成立。想法很容易，做法很難，問題就出在有主人，而沒有相配合的僕人，我們忘記是僕人的能力與忠誠，造就了主人偉大的功業。所以強化作自己忠僕的能力，一生的樣子就會不一樣！

䷮ 困卦。

自足的方寸

澤水困

我學習如何脫困，
反轉各種虛實的困境。

困卦011010告訴我們，這是一個充滿困難的世界，困難阻礙我們成功，困難也訓練我們成功。困難在想法中、在習慣裡、在過去、在未來、在遺傳中，也在環境裡。只要活著一天，困難就虎視眈眈，惟恐我們太容易成功。

《易經》說，動物的困難是不能自由的行動，植物的困難是不能靜靜的生根成長，當動物的難變成植物的期待，植物的難變成動物的喜愛。隨著天性不同，困難也不同。其實困難也有它的好，譬如我們不能在水中呼吸，魚不能在空氣中呼吸，但彼此都活在自己受困的環境中，享受一生的幸福。受困的眾生，其實也安享著困局中的保護，就像生命困在地球上，無法飛到外太空，但是也因為這樣，人類才有絕無僅有的安身之所。

我們每天要吃好多食物，一邊享受著食物的美味，一邊也為了進食的需要一生忙碌。一邊是困難，一邊是幸福，人生就是這樣。困難是可以瞬

爻辭

臀困於株木，入於幽谷，三歲不見

我觀察樹木與動物的不同，樹木一生安住一地而自樂於風雨之中，動物則遊走四方終日覓食求偶，只當動物用臀坐下來的片刻，兩者有了一點相似。樹木的安靜是動物的困，無法動彈，行動不自由的困。原來困可分動靜，無法安靜的靜就是動的困。

間消失的，只要心不把它當成困難；困難也可瞬間出現，只要我們同意它出現。想快時，慢是它的困難；想慢時，快是它的困難。想發展時，約束是困難；想安定時，貪念是困難。在熟睡時，知覺喪失的困難變成一種祝福；想睡時，知覺敏銳的幸福變成一種詛咒。人生的故事，其實就是與困難相處的故事。不同的年紀有不同的困難，不要逃避它們，把困難當成祝福的過程，人生會變得無比美麗。

如何用困卦來幫助減重呢？

1. **整理自己的困難**。減重的困難我們都懂，但一定有容易的方法。整理困難的過程，困難的面貌會更清楚地呈現。其實所謂的困難往往謬誤百出，矛盾可笑。就像我們今天喜歡的東西，明天會覺得討厭，看清了自己喜新厭舊的困難，轉個身就用它來創造無數的靈感、來創新交流、來開發新的學習、來擬定新的計畫。用「喜新」的困難，變成「厭舊」的容易，改去舊習慣也就不難了。困難會在自我矛盾中弱化，容易會在困難變弱時出現，減重也是。

2. **利用困難與阻擋**。我們常用阻擋來保護身家財產，就是用困難抵

困於酒食，朱紱方來，利用亨祀

我好動的心困於靜，也困於動，困於酒食的需求，困於名譽權力的欲望，我用祈禱敬神來脫困。

困於石，據於蒺蔾，入其宮，不見其妻

我柔軟的身體被堅硬的山石與有刺的植物所困，我的柔困於剛。我進到我的宮殿，看不到我美麗的妻子，我滿滿的期待落空，我的實被虛所困。

來徐徐，困於金車

我擁有世界上最快的金車，我的司機卻遲遲不來，我的快困於慢。

抗困難。把變胖的行動增加困難的門鎖，減重就有了保護。不要讓自己很容易變胖，而是要讓變胖變成困難重重的路，這是我們不難做到的事。有時候，把吃東西看成是很危險的事，像是在吃有毒的河豚或蠍子，過度飲食就不會是常態了。

3. **悠遊在困難之中。**習慣各種困難，學習它們的來來去去，這是人生向容易前進的保證。養成挑戰困難、解決困難的習慣，生活會很有衝勁與目標。超越困難的學習，是人生最大的祝福。人的價值往往可以用他所克服過的困難來評價，尤其是能幫助最多人的困難，更是人生不變的價值。幫自己減重、幫很多人減重、幫自己創造健康、幫很多人創造健康，都是在困難中的悠遊。

4. **再困難也不放棄信心。**我遇過很多身心科的病人，他們每天要吃很多藥，造成很多家人的困難。有時候，他們病緩解了，會在候診的空檔與其他病友聊天，還會鼓勵別人如何度過身心的低潮期。一旦他們開始會想幫助別人減輕困難時，自己的困難同時也就減輕了，真的很奇妙。原來心的重量在轉移注意力時會減輕，或許體重也是。不要在困難上不斷加成重量，困難就減重了。

劓刖，困於赤紱，利用祭祀

我的完美主義讓我困於身體的殘缺，我的尊貴讓我困於美好的名聲，我用祈禱敬神來慢慢脫困。

困於葛藟，於臲卼。曰動悔，有悔，征吉

經過了靜困動，剛困柔，虛困實，慢困快，缺困需，我理解人生的困琳琅滿目，如何讓身心脫困是一生的修練。

井卦。分享的世界

水風井

我學習造井供人飲水的分享精神，用無數的通路打開人心的蔽塞。

井卦 010110 告訴我們，有一個水的循環世界，從地下水透過井到地上，再流到河海，蒸發到天上後，再下雨到地面，再滲透到地下，周而復始。這種水的循環是經過井、河、海、雲、雨等的通路完成的。《易經》說「井洌寒泉食」，好的井水可以讓人喝起來像山上最甘美的泉水，條件是井的通路要經過整理照顧。水世界經過種種通路的連結，變成了可以分享眾生的水資源。井開到那裡，人口就集中到那裡，一口井可以養萬種人，所以，《易經》說「往來井井，改邑不改井」，意思是說人口的流動環繞著井水的供給。

人與人的來往，無形中也像一種有通路的井，一個都市可以有興、有衰，但像井這種水資源的通路不會，人生永遠需要。來往無阻的通路、分享的通路、連結的通路、循環不已的通路，是人生不可或缺的。如果說困卦是困難與阻礙，那麼井卦就是通暢與無阻。井卦是需要大力的維護，要

爻辭

井泥不食，舊井無禽

井是供人飲水的通路，需要時時維修，泥塞的舊井，沒有人來飲用，連鳥也不來了。

井谷射鮒，瓮敝漏

我的井位置太偏遠，交通不方便，水桶的底也破了，失去汲水的功能。

井渫不食，為我心惻，可用汲。王明，並受其福

我的井整理好了，水質很好，可是還沒有人來喝，

與其他的通路相競爭，要有一定的效能與方便性，所以維持一個好的通路並不容易，營造一個大家都愛來連結的通路，往往是人生最大的挑戰。

如何用井卦來幫助減重呢？

1. **建立心靈深度溝通的管道**。有了心靈的通路，誠實面對減重的問題，就像挖井一樣，勇敢往深處挖，讓減重與變胖的潛意識可以見光診斷。有時候找到關鍵的心理障礙，只要一句話，一個說法，就可以幫助減重成功。
2. **分享彼此的通路**。在通路發達的世界，迅速溝通是常態。在網路上建立豐富的減重資訊網，隨時注意減重成功的新方法，排除偏頗錯誤的資訊，利用這種分享通路的世界，減重不會寂寞，不會走錯路，也不會花冤枉錢。
3. **創造通路，享受通路**。一次的減重成功就是一條通路，我們相信有一條路可以通往減重成功的目標。只要常給自己打氣，減重不成功也難。減重一時不成功，不是沒有通路，只是還沒挖好那口井。挖井或挖礦正是創造通路的工作，這是利人利己的事，我們一

因為善知識需要大力廣宣，要通透全國人心的知識才算善知識。

井甃，無咎

我不斷維修我的通路與生活的泉井，直到盡善盡美。

井洌寒泉食

我的井水雖然從地下抽取而來，甘美勝過山上的寒泉，水世界的每一滴水其實都循環相通，人生美好的事物也應相流通。

井收勿幕，有孚元吉

我用造井的精神，把最美好的事物分享給全天下的人。獨樂不如眾樂，以眾生的喜樂為人生最高的價值，藉此我建立了心志相通的善世界。

生都應認真的挖井，挖通了，可以享受三代，可以幫助千百人。注意觀察那些輕易減重成功的人，他們的井是如何挖通的。有時候可以分享別人的井，有些井則需要自己挖。減重的井有一半以上需要自己挖，因為每個人變胖的困難不一樣。

4. 關閉錯誤的通路。減重有通路，變胖也會有，而且一定更大條。不是所有的井水都很乾淨甜美，有的井水是有毒的。我們關閉減重的通路，卻打開變胖的通路，這是肥胖者的常態。所以要關掉有害的井與通路，留下有益的井與通路，這是人生必須非常敬慎的一件事。任憑有害的通路大開，讓自己身陷巨大的困難，這是井卦最不願見到的悲劇。人生有一口可減重成功的井，一口隨時維持健康身心的井，是最幸福的人生。

震卦。

共鳴的喜悅

震為雷

我學習人生的波動，
用共振與正相回饋美化世界。

震卦 001001 告訴我們，人生是波動的，有起伏高低的變化，我們的心也感受著種種的波動、愛恨、喜怒、痛苦與快樂、震驚與淡然。波動的世界像一面鏡子，當我們站在鏡子前面，鏡子的內外會站著一個對稱的人，完全反射光的路線，這就是震卦的世界。波動的世界不斷的反射折射光波，還有聲波、心情波，所以我們會聽到山谷裡聲音的共鳴、知己間會收到贊同的和音、敵人間會有以牙還牙的對待、情人間會產生唱和與同感、表演者與觀眾會產生情緒的共振，都是震卦的能量。同相的波會相加成，讓我們記憶久久，異相的波會互相抵消，讓我們無法覺察。

用震的觀點看世界，動與靜是波的加成或抵消。動與靜的變化過程，會產生節律與音韻，就像一連串的密碼，這是每件事物都特有的**韻碼**。當韻碼接近的兩人靠近，會有親切感，反之會有排斥與厭惡感。就像醫師會用超音波診斷肝臟有沒有腫瘤，我們會用韻碼診斷相逢或相處中的人。微

爻辭

震來虩虩，後笑言啞啞，吉

我聽到壁虎的叫聲以為來了妖怪，嚇了一跳，後來知道了，就笑出來，先驚恐後歡喜，我的心情與人生充滿這類的波動。

震來厲，億喪貝。躋於九陵，勿逐，七日得

我的世界充滿波動，有的波動不相同，互相抵消不見了，有的跑去躲起來，過一陣子會自己跑回來。

微的震會讓人感覺很溫柔舒服，劇烈的震則很粗魯，令人驚怕。長久的震會把泥塊震成粉末，奇怪的震會引起眾多的注意。練習用震，可以產生共鳴、可以感人肺腑、可以化敵為友、可以診斷人性、可以溫暖人生。

如何用震卦來幫助減重呢？

1. **練習用韻**。唱歌要韻，包括節奏感、強弱的變化、輕重續斷的變化、味道的變化，總之一切變化元素在時間段中造成的特殊韻碼，就是韻。打球或跳舞時，節奏感很重要，可以幫我們節省很多力氣，增加很多美感，寫書法、唱歌、說話、寫文章、開車、吃三餐、穿衣服、刷牙……幾乎任何事都有韻的應用，韻用得美，一天就像唱一首歌一樣輕快愉悅；韻用得醜，一天就像一坨大便惡臭難忍。美化生活的用韻，減重也會更輕鬆。

2. **練習與益友共鳴**。與損友共鳴很容易，因為他們多會帶我們一起任性而為，揮霍生命金錢，尋找刺激與享樂。與益友共鳴，開始或許不習慣，但是一旦開始，共鳴的能量會幫我們帶入震卦的世界，就是他做什麼，我們就想做什麼，兩人之間強烈的回饋循環

波動是循環不停的振動，有特定的頻率與振幅，彼此可以加成或抵消。如此萬物用波動共振存與亡。

震蘇蘇，震行無眚

我用細微但長久的震動穿透阻塞，我製造細緻均勻，我與知音們共組和諧的人生。

震遂泥

我用無數次的震動把沙石和水震成糊狀的泥，達到巨觀的平衡狀態，我用無數的動得到最後的靜。

震往來厲，億無喪

往來共振讓震動長久不衰，我用正相回饋維持長久的情誼。

震索索，視矍矍，征凶

我用震動驚嚇四周的人，別人也如法炮製報復我。

是很強大的連結，彷彿是孿生兄弟，可以心意相通。這種友誼或知己的存在，是人生的至寶，用它來減重，也能事半功倍。

3. **練習用韻來美化減重的過程**。減重是辛苦的，是挫折感很深的，是違反人性的，是一種酷刑。這麼一件痛苦困難的事，如果能用韻去美化它，其實是不難的。白天工作、夜晚休息這是一般人作息的韻，減重也可以用韻，譬如現在流行的一六八減重法，十六小時不進食，只有八小時用餐，就是用韻。週一到五工作，週六日休息也是用韻。週六日的聚餐往往是減重的殺手，所以應該把韻的重點用在週六日，嚴禁自己在週六日吃大餐，光這樣子做就可以週減一公斤以上。如果不小心吃了一餐大餐，用韻就是下一餐馬上禁食，做最快的修正。不要選用長期斷食的方法減重，因為違反用韻的原則。

4. **體察成功與失敗間用韻的不同**。很多人能先敗後勝，原因就是換了不同的韻。失敗者的韻多半是亂的、不諧調的、不美的、吵鬧的、病態的；成功者的韻多半是整齊的、優美的、旋律的、健康的、令人激賞的。一個人當然不可能事事專精，都能表現美好的韻，但是用心去體察它的存在，去美化它，成功的機會自然更高。

艮卦。

隔離的防疫

艮為山

我練習精確停止來導正人生，用沉默安靜培養厚實。

艮卦 100100 告訴我們，有一種相安無事的世界，就像這個山頭與那個山頭遠遠相對，彼此老死不相往來。你不說，他不聽，也不打個訊號，不接個電話線，活在彼此絕緣的兩個世界，各別獨立而自由。人與人的相處，有時不需要有任何的連結，無聲勝有聲，不批評、不干涉，自然無為，如此確保彼此的多元發展。就像很多的電線集束，需要彼此包覆一層絕緣體，才能防止不短路走火。

艮卦的世界，不主張連絡與共鳴，不鼓勵對等回應，不喜歡熱鬧繁華，沒有八卦閒談，只有尊重與緘默。目前世界上有幾百萬種不同的物種，彼此存在著食物鏈的關係，但是物種與物種不能跨過界限而雜交生育，所以各自繁衍後代，沒有基因的交換，這種彼此隔離而產生獨立物種的界線，也是艮卦。艮卦是一種隔絕的力量，是阻止彼此混合與交換，進而確立了多元獨立與自由。孔子說「不在其位，不謀其政」，也是艮卦。

爻辭

艮其趾

我用腳趾觸地的瞬間調節我走路的速度，它也幫我很快的退後，所以它是一個藏在腳下的剎車。人生需要剎車，控制行路的進退快慢，可以走得更安全。

艮其腓，不拯其隨，其心不快

我用小腿的收縮來彈跳，迅速脫離危險或避開路障。有時我的反應太快，

所以艮卦會帶來安全秩序與獨立多元，很像我們的防疫工作，用隔離來杜絕傳染疾病。

如何用艮卦來幫助減重呢？

1. **練習拒絕，減少無益的互動。**很多人因為應酬太多而發胖，而很多的應酬其實是多餘的，甚至有害的。如無法拒絕這些無益的應酬，減重會很難。拒絕是有技巧的，《易經》說「艮其趾」，拒絕先從腳趾頭開始，意思是我們開始不用太用力也可以達到絕決的效果，只要把腳趾停下就可以把身體停下來，用最小的理由、最小的動作來停，一樣可以全身而退。譬如找一個最小的藉口，車子在修理廠、兒子在拉肚子、太太過敏要看醫生……輕巧的退，直到對方自覺無趣，就會放棄。

2. **練習獨立，習慣寂寞。**要依賴很多人才能過一天，不甘寂寞一直找人陪，生活很難自由與逍遙，進食的心理會變強。常常要人陪才能做事，做事的效能自然變低。人生最好的修為是可以跟很多人周旋，但也可以很獨立，喜歡與人溝通，但也很會自處。有人

來不及解救跟隨我的人事物，別人說我這樣做很絕情。（比喻用更大的力量來停或退）

艮其限，列其夤，厲薰心

我在利與害的界限剎車停止，如此違抗了巨大的慣性，像在腰部分裂自己成兩半，痛苦有如用煙薰心。（比喻用更大的痛苦來停或退）

艮其身

我用前身與人相對，這種姿勢與人握手聊天或出拳相擊很方便，用這種姿勢要連招呼都不打是很難做到的。（比喻身與心的進或退互相煎熬）

艮其輔，言有序

輔是嘴巴肉，我用輔控制說話節奏有序。我用靈活

說，英雄是寂寞的，減重成功確實是英雄所為。

3.不多管閒事，不亂說話，不招惹麻煩。有一種養生之道，是老子、莊子主張的，要自然無為，少去製造是非，養成清靜淡定的習性。現代人的壓力太大，焦慮太多，正是偏離淡定清靜的修為，或許也正是許多人變胖的原因。把減重變成一種自然，淡淡的開始、靜靜的達標，自然是高手。

4.不超越紅線，厚實的隔離肥胖的傳染。把各種會變胖的危險標上顯目的紅線，教自己不會盲目越線。把危險的體重畫上紅線，嚴防越線。把隔離的牆築厚，教自己遠離傳染。把菸當成毒品，會增加戒菸的成功率；把過食當作吸毒，減重就會加速。

的停讓行動更美好而到位。

敦艮

我善於停與退，用安靜止息紛亂，保持中立與人相安無擾，如此養成高山般厚實的心性。我用安靜幫助厚實，用厚實幫助安靜。

漸卦。演化成功的品種

風山漸

我用循序漸進演化成功，用冒險尋找安定，用安定準備冒險。

漸卦110100告訴我們，有一種按部就班的行動，是循序漸進的追求，是有秩序的演進，是既安定又冒險的前進，是慢動作的大膽長征，是物種用千萬年的時間進行演化的過程，就是漸的前進。《易經》說，如果有漸卦這樣的男子向女子求婚，趕快嫁給他不會錯的，因為他的慢代表謹慎斯文有禮的修養，他的前進是敢於冒險，不怠惰與不自滿於現狀。所以漸卦包含了兩種能量，一是安定與慢，一是冒險與演進，就是用安定準備冒險，用冒險尋找安定。

當我們的先民剛移民到一個新環境時，就是漸的實踐，兢兢業業，冒著極大的危險，尋找後代可以安身立命的新家園。很多的大事業、大功業，也是用漸的精神來造就的，不是一步登天，是慢慢的一步步爬上山頭。原來真正的安定是不斷的冒險，真正的冒險是為了更長久的安定。能夠同時兼顧安定與冒險（勇敢進取）的人，就是漸卦的修為。

爻辭

鴻漸於干，小子厲

鴻鳥的登陸演化故事之初，牠在離岸邊尚遠的水上，只有小小的木杆可作棲息之地，生存環境條件很差，幼小的鴻鳥適應不良，處於很危險的狀態。

鴻漸於磐，飲食衎衎

鴻鳥登陸到更靠近陸地之處，找到更大的石頭可供棲息，也找到更多的食物可以飽食，牠的冒險得到初步的甜果。

1. 訂出按部就班的計畫。譬如前一個月，資料收集，第二個月，號召同志，第三個月，計畫定案，第四個月，減五公斤……這比說減就減，一下子斷食、一下子重訓、一下子吃藥等，這類雜亂無章的減種方式，更有成功的希望。

2. 把工作分成安定與冒險兩大部分，分別進行計畫。安定的就是我們熟悉的，已經做過的方法，從前的經驗或許不完全成功，但一定有某程度的效果，所以可以輕鬆開始。冒險的就是以前沒做過的，但有人介紹說是有效的。新的方法可以帶來新的動能，可以鼓勵衝刺與嘗試。如此有舊又有新的組合，正是漸卦成功的力量。

3. 果決的往前進化。一直為以前嘗試失敗的減重懊惱悔恨，則無法減重成功。只有往前進化，才能脫困而出。短暫的成功而停滯不進也不好。減重如逆水行舟，不進則退，一定要隨時進化，因為變胖的習慣也會進化。道高一尺，魔高一丈，我們減重失利的原因，常常就是因為一時的成功而忘記繼續進化。戰法一成不變則無法保持勝利，要常變、常進化，才能確保永久的勝利。

鴻漸於陸，夫征不復，婦孕不育

鴻鳥登陸來到大陸的邊緣，新大陸勾引牠大膽冒險的夢想，過去的一切不再值得留戀。男人出征的不再回家，女人孕子的不再養育，喜新厭舊到了極端，這是不吉祥的。

鴻漸於木，或得其桷

在陸地上有已登陸成功的樹木，我棲息在樹木上的高桷地，更能保護我的身家。我寄生在別人成功上，加速我找到演化的新家。

鴻漸於陵，婦三歲不孕

我的冒險終於得到一個安

4. 不貪快，要穩紮穩打來保持戰果。很快減下來的體重，往往很快就會復胖，稱為「溜溜球效應」。分階段穩而慢的減重，才可以維持得更久，因為心定神閒的減重過程，更能掌握勝敗的智慧。快速減重用的是一時之氣，氣短則敗；緩慢減重用的是長久之智，智長則勝。

定的高處，冒險的故事還沒有完，我優秀的後代還沒生下來，安定是暫時的，是為了準備下一次的冒險，冒險是沒有終點的。

鴻漸於陸，其羽可用為儀

我的登陸演化成功，我深入大陸每個角落，後代安居繁衍遍布整個大陸，美麗的羽毛用在祭典上，顯現高貴的風儀，我循序漸進冒險成功的故事受到普世的讚美。

歸妹卦。因捨而得的幸福

雷澤歸妹

我在割捨中前進，
我分離過去前進未來。

歸妹卦 001011 告訴我們，想快快前進到未來，前題是要先與過去切割。要把一個女兒嫁去的前題，要用祝福的心，與割捨的行動幫她準備。解決一個問題的方法很多，但最後要決定一個方法才能開始執行。所以唯一的行動與歸屬，來自割捨與排除眾多的選項。智慧的運行，正是排除眾多，留下唯一，割捨過去與現在，然後前進未來，這就是歸妹的能量。

人生需要割捨求前進的事太多，歸妹是把妹妹嫁出去，割捨妹妹，原來的家就殘缺了。妹妹在新家養兒育女，卻能興旺了遠方的親家。嫁妹妹正是用自己的殘缺，交換別人的圓滿。棒球這個運動，投手先把球丟出，然後飛入捕手的手套，完成三殺，也是歸妹卦的呈現。這邊丟，那邊接；這邊給，那邊得，這個世界因為歸妹的分分合合而充滿美麗多趣的交換。

爻辭

歸妹以娣，跛能履

我嫁妹妹時替她準備最豐富的嫁妝，唯恐夫家會看輕這門婚事，妹妹不會做家事，就陪嫁幾個下女來替她做家事，雖然不是十全十美，我總是盡量減少缺點來接近圓滿。

眇能視，利幽人之貞

生命因割捨而殘缺，因殘缺而更珍惜生命。肉體的缺讓我修練出心的圓滿。

如何用歸妹卦來幫助減重呢？

1. **這邊減，那邊加。**「這邊少吃一次大餐，那邊多減一公斤。」把這句話寫下來，放在明顯的地方當成減重的座右銘。類似的說法有，這邊減一公斤，那邊多活一年；這邊多嚼二十下，那邊少吃二十卡；這邊把剩菜丟廚餘，那邊把肥肉丟戶外；這邊丟掉體重十公斤，那邊健康賺一百萬。

2. **加強割捨的力道。**少吃一次的大餐一般不會太心痛，但是捐出一百萬元給兒福中心或許會。列一個清單，把需要割捨的事物，依等值從高到低條列出來，然後想像自己割捨它們時的心痛感。生命體驗快樂的力量很奇妙的，往往愈敢割捨的心，愈能得到自由的喜樂，即割捨的力道等同快樂的能量。心中有愈多的不捨，心的受困就愈嚴重，感受喜樂的能量也直線降低。很多人不相信割捨的練習會帶來人生觀的新發現，可是一經練習，絕大多數人就深信不移。你也可以試試。就是要敢丟，身心才能自由飛翔。

3. **診斷自己歸妹的生病，停止有害無益的割捨。**有些人很敢割捨，譬如許多肥胖的人也很會割捨，只是他們總是選擇割捨健康與美麗，換得飽食大餐的快樂。當歸妹卦生病時，的確很難有效進行減重。一個人不想健康，不想更漂亮，減重的說法就聽不進耳朵。

歸妹以須，反歸以娣

我的割捨藏著不甘心與占便宜，我送了很多男丁長工當妹妹的嫁妝，以勢凌人，彷彿在威脅夫家就範於女方的條件。

歸妹愆期，遲歸有時

割捨的痛讓我前進的速度變慢，有時會把姻緣錯過，不過還是要小心再小心，女人不能為了出嫁而出嫁。

帝乙歸妹，其君之袂，不如其娣之袂良。月幾望，吉

國王把妹妹嫁給諸侯，公主下嫁是以上歸下，另一面看，這也是國王為了擴大王權，用婚姻來隱固諸侯的忠誠。妹妹下嫁了，國家提升了。

可以找身心科醫師幫忙，也可以找有智慧的朋友聊聊。有時候，美食是肥胖者的人生信仰，不吃美食就活得沒有意思，這種嚴重的偏差人生觀，需要長期的修正，要很有耐心的幫他們。

4. 歸納再歸納。歸妹的應用之一，就是把很多實驗值畫在一個平面上，然後畫一條迴歸線來代表它們的F（X）＝Y的關係，這歸納的做法也是歸妹。我們進行很多的意見調查，然後整理出一個結論，也是歸納。從眾多的說法歸納出一個結論，就是歸妹。減重的成敗可以歸納出一句話，一句話的威力往往會更有力，更能說服自己進行減重。

舉例來說，我把眾多病人減重失敗的原因做了歸納。我認為，減重失敗的人都有一種奇怪的傲慢，百分之七十的人會同意。我總結，減重失敗的人都不是聰明的美食者，百分之八十的人會同意。我發現，減重失敗是生活有壓力失衡，百分之九十的人會同意。我提出，減重失敗是胖習慣的阻力太大，百分之九十五的人會同意。我證明，減重失敗的原因是多元的而且個別性很高。百分之九十九的人會同意。經過歸納後的智慧，可以幫助我們了解失敗的原因，然後反擊。

女承筐無實，士刲羊無血

我用割捨前進，有時恣意浪費，不久就山窮水盡了，我變得斤斤計較、吝於割捨。

豐卦。大而無當的虛偽

雷火豐

我用光明前進，用智慧擴大行動，不盲目於眾人誇大的說法。

豐卦 001101 告訴我們，光與火的行為模式是不斷往四周與向外前進，是擴大自己，是膨脹與征服，是照耀四方，讓天下皆知，名動宇內。所以豐卦好的一面是智慧的行動，是驅除黑暗、是用文明征服野蠻、是君王用威名統治天下、是善良用雷火攻擊邪惡。可是豐卦也有負面的能量，太強的日光不但刺眼，還遮蔽了整個星空，太強的光反而讓人盲目。所以豐卦像一副望遠鏡，可以讓人看到遠方的事物，但讓人盲目於身邊事物。

擴張的行動也是，我們喜歡遠征，卻疏遠了家人；喜歡浩大，卻忽略了精巧。當我們把不重要的事物擴張時，同時也渺小了身邊重要的事物；當我們全速往遠方飛馳，也同時遠離了故鄉。豐卦告訴我們，求大求名的人生是有代價的。

爻辭

遇其配主，雖旬無咎，往有尚

我用智慧擴大行動，用行動擴大智慧，擴張了十倍的速度與範圍也不會犯錯。

豐其蔀，日中見斗

日蝕的正午太陽光被月球遮蔽時，我看見北斗星高掛天空。原來太陽光普照大地的同時，也遮蔽了天上的星光。

1. 擴大減重的正確知識。市面上減重的知識太多了，但是很多是錯誤的或是不適合自己用的，不停的讀減重的書，不一定能幫助你減重成功，要增加正確的減重知識才是王道。正確的知識如何取得？諮詢有口碑的減重專家或營養衛教團隊，看門診或書刊，或許就可以。

2. 減重不要好大喜功。很多人愛現，就用減重來玩樂，斷食一陣子，低卡一陣子，重訓一陣子，成績斐然，就很驕傲炫耀自己破紀錄的成就。這種減重多半維持不久，因為過程很虛，沒有紮實的基礎。減重要維持長久，遠近的功課都要做好。遠的是長期目標，近的是身邊可以改善的事物。遠的目標要合理，要有一點挑戰性，但更要適合自己的條件。近的事物就是記錄、觀察每一天的飲食，找到改進的方法，阻力的來源，排除阻力的方法，助力的集合，增加助力的行動，譬如拒絕一次假日的大餐，少接一次喝酒的邀約，多找一次慢跑的朋友。由近求遠，才是正確的減重方法。

3. 改掉愛出風頭的習慣。很多肥胖的人應酬很多，很忙，所以瘦不

豐其沛，日中見沬

沛是大旗，旗海遮蔽了天空，讓我看到天邊的小星。一隻大旗讓人遠遠就看見，一片旗海卻教人連天空都變暗。我發現太強的日光或是太多的旗海，都有讓人看不見的反效果。

豐其蔀，日中見斗，遇其夷主，吉

我盲目於盛大的光明，在黑暗中反而看得更清楚，我在相異的文明中看到自己文明的美好高貴。

來章，有慶譽，吉

我善用光明前進，探訪世界每一個角落，受到廣大的歡迎與讚美。

下來。愛出風頭是他們的特色，吃就吃特別多，喝就喝特別醉，玩就玩特別瘋，如此生活，一點也無法靜下心來減重，因為減重很無聊，很孤單寂寞。愛出風頭就是豐卦的能量，也是胖胖蟲最愛寄生的習慣。生活平實一點，減重才可以開始。

4. **向火學習，作一把好火。**在床頭點燃一盞燈火，可以通宵達旦的勤讀經書。火照亮了黑暗，指引了思路。火是智慧，智慧引導偉大的行動，叫「知行合一」。好火不會燒人的房屋，只會照亮黑暗；好的知識不會引我們變胖與患病，只會讓我們看清錯誤。常為減重的道路點一盞燈，讓自己看清踏錯的步履，即時修正變胖的失誤。「知而不行」是很多減重人的通病，「常知常行」才是豐卦最迷人的正能量。

豐其屋，蔀其家，窺其戶，闃其無人

我把房屋蓋得更高大，卻把家人的天倫歡樂遮蔽了，從大房子的窗戶看進去，竟然暗到看不見一個家人。家不在屋大，在人親情密。

旅卦。

暫停在美景之下

火山旅

我用心旅行人生，用靜欣賞稍縱即逝，用專心學習飛馳。

旅卦101100告訴我們，有一種動靜的法則，用靜來觀看世界的動，用動來尋找更美的靜，用專心來發現豐富的內容，用高飛來擴展生命的美。我們用身體的旅行來發現美景，用心的旅行來收集豐富的覺知，用智慧的旅行來接近大道，用靈魂的旅行來追求永生的幸福，都是旅卦的法則。旅行不一定要離開家，有時候把電視打開，坐著觀看，也是另類的旅行。讀書也是一種旅行，因為心在動。作夢也是一種旅行，編說故事也是，每天上班也是。動的時間與靜的自己有一種旅行，我們稱之歲月；動的空間與靜的身體有一種旅行，我們稱之流浪。

人生是一場旅。《易經》說，每天我們都把過去燃燒，然後來到今天，沒有昨天的今天是不吉祥的（飛鳥以凶），像喜愛遠飛的鳥把自己的巢燒掉一樣（鳥焚其巢），所以旅要專心，不論飛多遠、飛多久，我們的心在那裡，家就在那裡。旅不是要把家燒掉，是要把家搬到更美的明天。

爻辭

旅瑣瑣，斯其所取災

我用大量而快速的移動來旅行，貪多好雜的心顛倒了旅的真義，導致身心俱疲。走馬看花，讓我一生看不清楚一朵花的美麗。

旅即次，懷其資，得童僕貞

人生如旅，旅舍、旅資、童僕的相助，都是美好旅行的元素，我專心用旅行找到像家一樣的所在，結下像家人一樣的善緣。

如何用旅卦來幫助減重呢？

1. 練習動靜的旅行。發胖是一次旅行，動的是往上增加的體重，靜的是不斷過多進食的習慣。減重是逆向的旅行，動的是改變的進食習慣，靜的是原本健康的體重。動靜的相對就是美，家的地址不變是靜，但歲月如梭是動，所以家也在歲月中旅行。體重也會旅行，在變胖與減重間旅行，只要會動，體重就有回家的希望。

2. 身體是心的家，替心找一個健康美麗的家。健康的家需要每天敬慎維護，不要把家變成被脂肪塞滿而擁擠不堪的家。心是身體的主人，心亂了家自然也亂。所以心要先對，身體才會對；身體要美，心要先美。我們的心最喜歡到處旅行看美景了，記得把心塞滿美麗的想法，身體自然也跟著美麗。主人變美，家也跟著變美，心跟身體的關係也是如此。

3. 帶著家人與僕人一起旅行。一個人旅行太孤單，有人陪伴與伺候的旅行更美，人生就是有家人與僕人相伴的一次長旅，是可以累積很多幸福的記憶。如果把減重也當成一次旅行，那麼不要吝嗇旅資，帶著家人與僕人一起，過程會更多快樂，也更順利。減重

旅焚其次，喪其童僕，貞厲

我用旅行來焚燒過去的住所，丟棄過去的家僕，這種迎新棄舊的壞習慣，把人生變成一場流浪與漂泊。

旅於處，得其資斧，我心不快

在旅行中，我不是在移動就是在休息，即使用靜而得到了旅資與工具，我好動的心性還是不快樂。

射雉一矢亡，終以譽命

我一次專心一個目標，我沒有辦法一次射中很多目標，專心不二的結緣最美，我用專心把命運變美。

的僕人就是那些有專業知識的營養師、體適能訓練師、心理師、社群、益友，一切可以幫我們陪我們減重的人們。

4. 記得拍很多相片，記很多筆記。旅行沒有相片會很難重溫那分美麗，減重之旅也是，記錄過程是必需的，一路走來的點點滴滴，都是用生命歲月換來的，把它們記錄下來，可以分享，可以傳承，也可以回憶。

鳥焚其巢，旅人先笑后號咷，喪牛於易，凶

愛旅行的鳥把舊巢焚燒了，喜新厭舊到了極點，貪圖暢遊的喜樂，終於招來無家可歸的悲哀。溫馴的牛因為主人分心而走失了，分心把人生變困難了。

巽卦。沒有限界的彈性

巽為風
我擴大心的彈性與包容，容忍命運多變的挑戰。

爻辭

進退，利武人之貞
生命是無數的剛與柔所組合而成，我用柔進剛退來練習靈活的武術，用無形的風吹動有形的萬物。

巽在床下，用史巫紛若
人生因為包容所以累積眾多，我的床下因為空間閒置所以堆滿塵埃雜物，因為耳朵愛聽，所以說書人用千奇百怪的故事滿足我們。

巽卦 110110 告訴我們，有一種容忍與挑戰的生命，可以無限度的增加彈性與寬度，可以接受任何的挑戰與變形，可以極度的彎曲自己，追求有形與無形的轉換，沒有任何的規則與限制，只有隨性的聆聽，是幻想與夢境的內容、是神話與如風的耳語、是觀想世界的升華與超越，也是扯不斷的一息游絲，纏繞難解的命運與緣分。

生命因為它的彈性而不易折斷破裂、因為它的可彎柔軟與隨地可居，因為它的隨性升華而容忍橫逆、因為它的寬廣無界所以包容了無數的夢想。

如何用巽卦來幫助減重呢？

1. 練習身心正面的彈性。容許體重的增加是肥胖者的彈性，容許吃一百個漢堡是大胃王的彈性胃，容許一千個人說你一萬次醜是聾子的彈性耳。孔子說「六十而耳順」，就是說人愈老，心要愈有彈性。所以，彈性是要用一輩子來訓練的。用錯彈性是有害的，會變胖之外，還會姑息養奸，縱容邪惡。減重需要彈性，用對方向的彈性，譬如對飢餓感的彈性、有所不吃的彈性、被管理監督的彈性、忍受孤獨的彈性、被剝奪權益的彈性、被譏笑誤解的彈性。有彈性的心很美妙，它不傷人，也不會被人傷，可以容納很多東西，也可以藏在很小的空間裡。

2. **寬容而不邪曲**。我們對他人的批評說法要有寬容的心，接納的心，這會引導我們更精進。但若只會寬容而不去分辨是非善惡，終究不能修得正果。寬容的挑戰不只是寬度與彈性，還有善良與幫助。寬容的結果會幫人善良，是好的寬容，是減重所需要的寬容。減重不可繼續對變胖寬容，因為對邪惡的寬容等同對善良的綑綁。

3. **進退靈活的彈性**。更精確的了解彈性，會發現其實彈性並不簡單，第一，它是可被變形的尺度，第二，它是可以還原到

頻巽，吝

我用不斷的重複練習我的容忍心。

悔亡，田獲三品

我的容忍心擴大了，悔恨就減少了，如風的彈性與靈活幫我獵獲了眾多的獵物。

貞吉悔亡，無不利。無初有終，先庚三日，后庚三日，吉

我學風的下柔上剛，作事沒有一定的起點但會到達一定的終點，彈性的生命要能耐彎又可恢復原狀，正是風無初有終的特質。

巽在床下，喪其資斧，貞凶

我的包容心太鬆散了，缺乏整理與秩序，因而失去了重要的資金與工具。

最初形狀的速度。所以彈性有可變性與還原性，是由變形與不變形兩種能力組成。很多的運動高手，技藝比賽的冠軍、藝術家，都在彈性上創造了驚人的高度，所以常勝。我在震卦100100時講過，用韻的技巧可以決定人生的勝敗，而在巽卦時講彈性，兩卦陰陽對換，是相錯卦，兩者都很重要，相輔相成。

4. 堅持不變與伸縮自如的變。孫悟空的七十二變讓他變成神通廣大的天行者，他的金箍棒可以任意伸縮，更是厲害的武器。這些會變的法術與武器來自不變的信心與努力，不變的是減重成功的堅持，來自伸縮自如每一次用餐與運動的管理。減重就是彈性的練習，就是變與不變的管理。

兌卦。沒有也許的絕對

兌為澤

生命需要輸出，我用對談淘空彼此的心，贏得真誠的友誼。

兌卦 011011 告訴我們，這個世界需要精確的定義，每件事物發生或存在，都應有詳盡的說明，都應萃取出最個別的意義。智慧的目的，就是把模糊與混沌不清趕走，把雜質篩選濾淨，留下最純一、簡單的本質元素。為了達到完全的表達與相知，心與心的對談是必須的，明白說出心中的想法，誠實的、沒有修飾的、精確的、沒有灰色地帶的，冗長的討論，加上反覆的推敲，最後得到一致的共識，這就是兌卦淘空自己的**完美溝通**的能量。

震卦是聲音的共鳴，波動的共振，可以交換熱情與韻律來相和相知。兌卦則是心意的對談，表達的精準化，用坦白溝通來建立誠信的關係。震卦是波的反射，兌卦是透明度的晶瑩剔透，各有巧用。

爻辭

和兌，吉

人生需要唱和，淘空心事，建立真誠的友誼。

孚兌，吉，悔亡

我用真誠的對談培養深厚的友誼與互信。

來兌，凶

對談應該有來有往，我的對談只有來沒有往，無法交到真心的朋友。

如何用兌卦來幫助減重呢？

1. **練習心意透明的表達**。人類愛遮蔽身體或心意，因為有羞恥心，人類說話一半為了清楚表達，一半為了扭曲事實。所以，孔子說「聽其言而觀其行。」語言本身不是句句真實，有的是故意欺騙，有的是用詞不精確。減重往往有心意不明確的困擾，要練習用一句話說清楚，愛與不愛，要與不要，為什麼，只用一句話，精確而真實。作一個敢說出心意的誠實人，不作一個騙來騙去的懦夫，減重的得失就一清二楚，很容易各個擊破。

2. **與自己深度對談**。作一個會聆聽心事的好聽眾，尤其聆聽自己的心聲，也作一個誠實坦白的說故事者，把心事說給自己聽。心理學公認心中有多元的自我，現實的、虛幻的、自私的、利他的、潛意識的、檯面上的、神性的、獸性的，他們彼此可以對話，說自己的話、聽別人的話。結果，變成說自己的話，聽自己的話。多元的自我是一項禮物，在角色扮演的人生，多了很多的選項。同樣一個自己，忽然變成許多的自己，人生的多變真的無法掌握。深度自我對談的好處是把自己搞定，愛說話的與愛聽話的都一次

商兌，未寧，介疾有喜

我和眾人商議利害得失，充滿不安，借此我修正問題和錯誤。

孚於剝，有厲

我用最裸露的自白換取朋友的信任。

引兌

柔可引剛，像美麗引來爭奪，剛也引柔，像律令引導服從。我用對談的吸引力，開創快樂溝通的人生。

搞定。當說與聽有了深厚的共識，減重成果就垂手可得。

3. 利用眾人的聆聽來加速自己的透明。唱歌給自己聽不會害羞，唱歌給眾人聽會很不自在，因為眾耳可以審判我們的誠實與透明。減重的困難之一是充斥錯誤的診斷，把減重時的說法說給人聽，讓眾人來審判，自然可以還原真相。在透明的環境下減重，我們會聽從民主的聲音，大多數人說是這樣，我們自然不會懷疑太多。我常觀察那些在眾人面前表演的人，自然輕鬆如四周無人，那種自信，彷彿是表演給自己看。習慣用透明的自己面對這個世界，是人生最大的自信。減重也是一種表演，但不一定要有觀眾。有了敢赤裸裸的態度，減重就是一件不費吹灰之力的小事。

4. 減重是英雄的志業，英雄是淘空自己的表演者。世間表演自己最難，英雄勇於表演自己，讓世人與他沒有透明度的問題。淘空自己的表演，充滿人性的光與熱，絕對是讓人敬仰的表演。減重之路跌跌撞撞不給力，是因為逃避透明，所以用透明度檢驗每一天，我們會看到英雄蓋世的自己。人生一旦學會面對自己，減重就只是英雄的一次點頭。

節卦。縮小後的通關

水澤節
我用分節縮小困難，
我縮小浪費加大精巧與快樂。

節卦010011告訴我們說，有一種縮小的人生，因為縮小自己，所以世界變大了；因為縮小注意，所以時間變溫柔了。千百年來，祖先把一年劃出了二十四個節氣，因為一年太長，分開小一點的段，日子會好過一些。縮小的技法，是發現巨大的手段。縮小的注意力叫專心，縮小的痛苦叫節哀，縮小的名利叫氣節，縮小了浪費叫節約。火車可以在蜿延的山路上行駛，因為它把自己的長度分了許多節。我們買了昂貴的東西，無法一次付清就改為分期付款。把困難分節，困難就變容易；把重量分節，重量就變輕；把冗長分節，冗長就變瞬間。節能讓痛苦與困難幾乎消失，只要減少自己每次感受的長度。節可以減少生命的浪費，可以增加一首歌的韻感，可以用分期付款來投資更珍貴的東西。

節是在分子的減法，在分母的加法，不斷的加大分母，分數的值就愈接近0，代表困難就會消失殆盡。節卦的分期、分段與損卦的尋求空性，

爻辭

不出戶庭，無咎
我用更小的空間練習縮小而圓滿的幸福。

不出門庭，凶
我節省了空間而浪費了人生，只會一成不變縮小生活空間，等於把自己幽禁在黑暗中。

不節若，則嗟若，無咎
我用節把時空分段，像音樂有節拍，做事有節制，生活有節慶，如此人生變精巧了，不再長吁短嘆。

手法類似但味道不同，節卦求中正，損卦求空無，各有妙用。

如何用節卦來幫助減重呢？

1. 練習打節拍來前進。在行軍或跳舞時，打拍子很重要，拍子能讓前進更整齊、更輕鬆、更美。其實做任何事，心中有節拍總是快樂的，就像一年因為有四季，所以過得更美、更順。減重也要有節拍，減快減慢，多吃少吃，十六小時內不吃，八小時內吃，如果節奏是自己喜歡的，那麼減重會很順利。若減重失去快樂的節拍，會瞬間增加很多痛苦與困難，就像跛了腳的人學跳舞。

2. 吞食更要有節拍。嚼二十下、吞一下是最好的節奏，吞一口食物後再去夾下一口菜的節奏也很重要，如果咬與吞食的時間是一，等待的時間要三，然後才再夾下一口。這個「三」很重要，很多肥胖的人，等待的時間幾乎是零。等待一下的時間，可以作回味、當讚美、當警戒，當很滿足的句點，這對習慣很快夾下一口食物的人有很強的修正作用。暴食者最頑固的特質，總是搶著把下一口食物塞進嘴巴，完全失去美的節拍。記住，夾慢一點、吞慢一

安節，亨
我把生活分節，用有節奏的生活來安定，用有禮節的交往來安心。

甘節，吉；往有尚
我用節縮小浪費而增益了生活的精朽與美好，我調節事物的大小長短把生活變容易了，我的心因為用節而更喜樂。

苦節，貞凶，悔亡
我把節用錯了，用虐待自己的方式節約快樂，限制自己尋找美好的未來。

點，節拍優雅的吃，我沒看過這樣減肥不成功的。

3. 縮小不正常的胃口。很多肥胖者有集中飲食的習慣，就是愛吃的東西集中一兩樣，在很短的時間內會吃很多。建議改用多元進食，吃各種不同類的食物，營養更均衡，也更豐富美味。多元進食就是不偏食，如此可修正集中飲食的習慣。

4. 縮短進食的時間。有人建議八小時內進食三餐，十六小時內不吃有熱量的食物，如此就把進食時間縮短了。每餐的時間也不宜太長，四十分鐘上下十分鐘是合宜的。即使用餐時間達二個小時，也規定自己其它的八十分鐘不再進食，只是陪著聊天或喝茶。

5. 縮小滿足的閥值。滿足有生理的，也有心理的。縮小滿足的閥值，就會在進食時較快吃飽、吃不下。想像把食物的價錢乘以十倍，很多人就會改變他們的滿足閥值。對需要減重的人，每一口食物都應加上健康損失的錢，如果胖十年讓病人得糖尿病並且需要洗腎，那麼每多吃一口的錢就非常昂貴了。記住，每一口食物的實在價格是市價的十倍，因為健康的損失也要算進去。

渙卦。稀釋的擴散

風水渙

我用時空稀釋人生的苦痛，
用流浪找回靈魂的重量。

渙卦 110010 告訴我們，水的苦痛經過風的吹散，會稀釋在大氣之中，會擴散在之更大的時空中，會轉化與群集，變成雲海或暴風，這就是渙的能量。渙卦說，無盡的時空是上帝的恩典，供我們自由逍遙的飛翔，讓巨人可以長大、讓星星不會碰撞、讓心痛會被遺忘、讓文明的根葉長滿大地、讓輕盈的孢子可以遠渡重洋。善用稀釋的力量，尋找更大的時空，稀釋就是擴散，變輕就是飛翔，淡化就是超越、自由然後群集、無形然後意豐。萃卦的專心與聚焦可以發現美麗，而渙卦的分心與遺忘可以脫離痛苦。

習慣讓我們持久做同一件事，而鬆散讓一件事不持久。但是壞的習慣是個暴君，不讓人有好日子過，而鬆散正是自由與民主，讓人隨時可留、可離。權力集中與權力分散各有優劣，重要的是要有轉換的空間。空間與時間永遠在，永遠在等我們占有。《易經》說，作一個在時空中悠遊的自由人，丟掉自己小小的王宮（渙王居），才能住進星空，活在七海。不要

爻辭

用拯馬壯，吉

時空像一匹溫柔的馬，它稀釋了我的苦痛，一如乘著它的強壯離開危險。

渙奔其機，悔亡

我在悲傷的時候流浪，脫離熟悉的環境與人們，去尋找久違的靈感與天機，萬物也在流浪中尋找新的機緣。

渙其躬，無悔

我用流浪還原自己，不再用生活扭曲自己，如此我

受壞習慣與慾望的捆綁，要給自己與他人最大的空間與時間，這種自由的國度將會聚集最多的子民（渙其群）。

如何用渙卦來幫助減重呢？

1. **要練習輕慢柔**。時空的特性可以把事物變輕、變慢、變柔，減重時要對進食的習慣做輕慢柔的修正。飢餓感很可怕，但是恐懼是心理給的，拿掉一點重量，飢餓感會比螞蟻爬過皮膚還輕。因為很忙，想立刻把滿桌的菜食吃下，這是減重的頭號敵人。吃的動作慢一點，優雅一點，可以少吃很多熱量。食物在嘴中咀嚼時，不要太急、太用力，溫柔一點。咀嚼的粗暴反轉了進食的美感，溫柔的細嚼，讓美味在舌尖留芳迴盪，可以少吃很多食物。

2. **不被惡習拘留**。胖的習慣沒幾樣，吃多少動怕麻煩。但是惡習不改，減重也不會成功。被惡習拘留綑綁是可悲的，用最愛的習慣來傷害身體，用媽媽的愛來生病，這是人生最傷心的事。作個自由人，心要先自由無拘，不受綑綁。自由是隨時可以離開的心，愛的綑綁、恨的拘留，都要脫離，用更大的空間來脫離，用更長

把純真找回來。

渙其群，元吉。渙有丘，匪夷所思

水滴脫離了大海，又在天空集結成白雲，渙散帶來自由，自由帶來群集，我用最大的自由吸引最大的群集，自由的世界竟是最大的世界。

渙汗其大號，渙王居，無咎

我用流汗散去躁熱，用大聲哭喊排解悲傷，國王把王宮拆散了，開始擁抱四海與萬民。

渙其血，去逖出，無咎

我把寶貴的血渙散到遠方，虛弱自己，不久，優良的血統會如春花開滿異邦的國度。

的時間來止痛。

3. 練習淡定的心。事情變淡就不會上癮，心情變淡就不再難捨。以前的激動熱情或許很美，但留下很多傷痛。不如凡事淡定，用更長的時間來品味欣賞，或許更耐、更有餘味。減重需要淡定的心，路才長久。對美食的喜好淡定，滿足的層次會更高，也不會快速增胖，因為淡定的心總會平衡、會調節。淡定的心會把很大、很長的時空藏進潛意識，所以再大的變局或震動都可以迅速被稀釋，不會遇事就抓狂歇斯底里，瀕臨崩潰。

4. 讓心自由無拘。有一種人，平時很正常，但對接收與給予兩件事不強求也不拒絕，得失也是，中了頭彩也不會尖叫，車子被刮也不皺眉。我稱之為不被小得失而拘絆的「自由人」。人生除了得失、勝負，還有是非，這三樣都是會拘絆人心的鐵鉤，我稱之為「三鉤」。我們的喜怒哀樂常常要看三鉤的臉色，自由人則不。渙卦是一種迅速消失在風中的輕功，所以三鉤勾不到會渙卦的人。減重過程會產生許多情緒，常常為三鉤而生氣沮喪，然後中輟失敗。練習自由的心，不為一時的得失勝敗而生氣，減重自然容易。

中孚卦。合理的信仰

風澤中孚

我認真的學習相信，研究真真假假的人生。

爻辭

虞吉，有他不燕

我用懷疑來相信，因為欺騙來自相信。

鳴鶴在陰，其子和之，我有好爵，吾與爾靡之

相信來自天性，鶴的親情在鳴叫聲中相和，人的友情在好酒的共飲中相親，我用相和相親的心增益相信。

中孚卦 110011 告訴我們，有一種相信的世界，用無形的溝通或連結，再遠也通，再阻絕也不會斷，沒有懷疑的時候，沒有見證的需要，只有相信，相信帶來喜樂，所以相信再相信，許多細節都省略了，許多細節都多餘了。在相信的世界，加加減減的動作只是兒戲，說說聽聽的故事只是閒談，即使相信的事要生命結束後才開始，這樣也無所謂。

一生沐浴在信的恩慈中，神與天堂變成心中的日常。有信的人一輩子沒看過沒遇過神也不埋怨，但若有神啟一現，則犧牲生命也在所不惜，這就是中孚卦的能量。**信神是生命的無上連結，信自己則是生命最大的喜悅。**

1. 練習相信自己。減重常常失敗的人應該會懷疑自己，對自己減重的能力沒有信心只是冰山的一角，可能漸漸嚴重，開始對生活管理沒有信心、對工作與環境沒有信心、對命運人生沒有信心、對一切事沒有信心。對小事的失敗而產生的懷疑是一個破口，如果沒有好好治療，往後可能變成對任何事的懷疑與失敗。要是因為減重二十公斤的計畫失敗而懷疑自己是太嚴苛，不如先減重五公斤，如此較容易成功。先建立自信心，往後再一次五公斤、五公斤的減，這就是坐上信心的跑車來減重。培養自信也是要由小而大，不能好大喜功。

2. 善用懷疑來拆穿自己的謊言。《易經》說，懷疑可以加強信心（虞吉），懷疑與自信是對敵（得敵）。往往在絕對的懷疑被證實不成立後，信任開始無比的增強。個人發胖的過程原因為何很難一下子說明清楚，有時候是自己故意設下的謊言，為了隱藏一些祕密，這會阻礙減重的進程。用懷疑來增加相信，自己拆穿自己的謊言，這是做得到的事。譬如有人

得敵，或鼓或罷，或泣或歌

相信的敵人是懷疑，彼此對抗又惺惺相惜，更多的懷疑是準備給予更大的相信，絕對的相信來自絕對的懷疑。

月幾望，馬匹亡

我相信的心像月亮有盈有缺，當心被相信占滿了，心中柔順的馬就走失了，心因為太滿而裝不下不同的想法，相信也排斥相信。

有孚攣如，無咎

我相信依賴，依賴相信，就像左手右手互相依賴，合作無間。

發胖只是為了處罰媽媽的不公平，拆穿了就可以和解，減重就不難了。

3. 當自己的右手，也當自己的左手。人的特質就是會產生愛恨交加的矛盾，左手想減重，右手想大吃美食，左右為難而不能和解。習慣用兩手做事當然比一手做事厲害，肥胖的人往往只用一手做事，就是多吃少動。如果也用減重的手一起做事，至少不會很胖。習慣用兩手做事，胖瘦才會有調節與平衡。

4. 自信而不迷信。信心會幫助我們成功，但是迷信不會。不是以為信了神就一切有保祐，不用努力減重也可以健康瘦身。一分努力，一分收穫，這是自信；不用努力也有收穫，這是迷信。呼吸空氣也會胖是迷信，吃少一點一定會減重是自信。

翰音登於天，貞凶

我相信很多事，相信公雞在天亮時會啼叫，可是我忽略我的相信存在許多例外，我用小小的例證來推測大大的假設，往往錯誤百出。

既濟卦。可以接受的滿足

水火既濟

我用簡單代替困難，滿足於不完美，調和水與火的互補。

既濟卦 010101 告訴我們，冰冷的水與炙熱的火相遇，會互相抵消對方的冷與熱，也就是用彼此相克的性質，放在一起，把彼此的缺點都平衡了，彌補了。水需要火的溫暖，火需要水的冷卻，彼此需要的兩方相加，互利互惠，正是世界上最大的滿足與幸福。我們需要愛，但是用既濟卦的理論，愛也需要恨，是這樣子嗎？是的，有愛無恨的愛，其實是有問題的。我們如果愛的是真善美，那麼我們必須同時也恨不真不善不美。愛與恨的對象要彼此有排他性，愛恨的界線才會清楚明白。

如果你問，「那麼愛恨交加，不也是既濟卦了嗎？」是的。愛中有恨，恨中有愛就是既濟卦。太愛了，情感靈魂會燃燒殆盡，所以加點恨，可以冷靜一下；太恨了，怒氣會淹沒理性，所以加一點愛，可以留一戶窗透氣。即使是撕殺慘烈的兩軍，仇恨不共載天，也有同悲共哀的一點情感。

爻辭

曳其輪，濡其尾

輪子沒壞但也轉動不靈，狐狸成功渡了河卻沾濕了尾巴，每件事都呈現滿意與不滿意的兩面，我的心也如此感受著人生。

婦喪其茀（ㄈㄨˊ）**，勿逐，七日得**

簡單的火與困難的水之間互為因果，把遮陽的車簾丟掉，陽光就會照進來，把困難丟掉，簡單就進來，把簡單丟掉，困難就進來。

世間的事物，多半都是既濟，好處壞處各有一點，優點缺點各有一些。所以廣義的既濟不是滿足與幸福，是水與火的相加相抵，造成一種平衡與調節的力量。

如何用既濟卦來幫助減重呢？

1. **練習可以接受的滿足**。吃好吃飽是人之大慾，可是要多好多飽才是滿足點，這是因人而異的。很多肥胖者既有的問題，應該滿足時還是不滿足，加量的吃之後，滿足點又不足了，如此每況愈下，變成一個永遠吃不滿足的人。既濟的吃法是有一點飽，也有一點餓，這樣子就是可以接受的滿足。這是減重最好的心法，用一部分的滿足代替永遠的不滿足。

2. **練習對稱的吃法**。吃的樣子決定會變胖，還是變瘦，所以吃法有兩種：吃胖的吃法與吃瘦的吃法。需要減重的人多半已經會吃胖的吃法，現在要練習的，是如何吃瘦的吃法。吃瘦的方法也很多，慢咀慢吞快離開就是一種，慢夾慢喝快停也是；八小時進食、十六小時斷食也是；眼先吃、舌後吃也是；不吃完、不吃光，多丟廚

高宗伐鬼方，三年克之，小人勿用

火與水彼此相克，我的心常常發生火與水的戰爭，善或許戰勝不善，但是往往耗時多年。

繻有衣袽，終日戒

水與火彼此互補，火的空洞可以用水的阻擋來修補，我如此調和水與火的好壞處。

東鄰殺牛，不如西鄰之禴祭，實受其福

我用殺牛這樣困難準備的祭品來祭神，以為會得到神更多的賜福，後來才知簡單而持久的敬神之心本身得到的福報更大。簡單帶來更大的滿足。

餘也是。總之，把過去胖的吃法的對稱吃法常做練習，就可以減重了。

3. **練習敏感的小確幸**。常常活在小確幸的感覺中，比久久期待一次大驚喜，會更有養生的效果。大的幸福可遇不可求，小確幸則是生活的態度，把一點點的滿足，放大成小確幸，這是既濟的人生觀。減重不是等待奇蹟，而是製造小確幸，每天或胖或瘦的冒險中，能夠小減個半公斤，就替自己讚美一聲，或讚美一下神明。減重過程胖胖瘦瘦是正常的，小確幸就是該胖而僥倖不胖，累積無數的小確幸，就能減到理想的體重。

4. **滿足於交換的思維**。胖變瘦就是交換，不滿變滿意也是交換，傷心變高興也是交換。交換的方向相反，產生的情緒會相反，但是不要怕交換，要懂得交換的樂趣，幸福就在交換中發現對稱與既濟。一個胖過也瘦過的人，處於一定體重的平衡點，就是既濟。他懂得胖的好壞處，也懂得瘦的好壞處，悠遊於兩界，時胖時瘦，也是一種健康的人生。

濡其首，厲

喝水可以解渴，喝太多水就會滅頂，滿足太過的終點不是幸福，是滅亡。

未濟卦。永遠的飢渴

火水未濟

我用不滿挑戰圓滿，用不滿意開創更美好的未來。

未濟卦 101010 告訴我們，與既濟卦相反的，水與火雙方不再互相幫忙，冷與熱不能相調節，需要不能互相滿足，這種情形是人生的大缺大難。不滿足或貪心不快樂的狀態，類比是飢渴窮苦的狀態，是世俗不讚美的。可是未濟卦也有大能量，譬如出家持戒、守戒的和尚，故意用不滿足來練習心的修為，食也不能滿足，色也不能，這與天性違和的訓練，讓心更剛毅不屈，終於能修得正果，看破世俗紅塵，立地成佛。又譬如探險家與科學家，不停的尋找宇宙的真理，從不滿足於一時的證明或發現，這種野心貪心，也是未濟。

守戒是故意創造未濟來修心，求知是牢牢抓住未濟來加速探索，這是面對未來最有企圖心的態度，是比圓滿更高的故意不圓滿。

爻辭

濡其尾，吝

狐狸渡河時，不小心把尾巴沾濕了，我常對一件還好的事生出不滿意的心情。

曳其輪，貞吉

我不滿的心浪費了可用可行的事物，明明是好的輪子，我不去滾動它，反而把它橫拖。

如何用未濟卦來幫助減重呢？

1. **練習合理的不滿足**。肥胖者對吃的不滿足很令人頭痛，不滿足帶給人生很多頭痛問題，貪心上癮就是。把不滿足合理化，交換一些對稱的滿足，就可以停住不斷增加的體重。

2. **練習守戒的修為**。故意規定什麼事不能做，什麼食物不能吃，心會強大起來，心往往因滿足而衰弱，因拒絕而強大。飢餓感是人生最大的未濟之一，用它來練習守戒，是最快的強心術。而減重正是光榮的守戒，是修心的功業。

3. **練習取代行為**。人生的不滿足數百倍於滿足，所以需要用取代行為來平衡。吃是最方便的取代行為，原來也是最無害的，但是累積多年之後，卻變成最昂貴與有害的取代行為。當吃的過量已經生病，就要用其它的取代行為。有人傷心就喝一杯酒，太常喝就可能變成酒癮，也需要再找其它的取代行為。讀書、看節目、聽音樂、找人聊天，都是常用的取代行為，取代又取代，交換又交換，就是不能讓生命病弱成為單一的取代行為。修正了吃的取代行為，減重自然不難。

未濟，征凶，利涉大川

我不滿現狀的心激發我遠行冒險，但是不滿足的準備要去攻打敵國是會失敗的。

貞吉，悔亡，震用伐鬼方，三年有賞於大國

我用不滿意加強我的軍備訓練，直到我滿意的新軍就備，終於可以征伐敵國並贏得勝利。

貞吉，無悔，君子之光，有孚，吉

成就再高我還是覺得不足，不是貪心，是用不滿挑戰圓滿，期待更美好的將來。

4. 永遠的不完美。有時既濟與未濟很難分，不完美中有完美，完美中有不完美，我建議不用細分它們，一起拿來修，守戒也好、對稱也好、交換也好、取代也好。記住一點，減重首重修心、修智慧，哪一天我們的心悟道了，智慧開通了，減重就不會太難了。要習慣活在不完美的現實中，不斷的努力學習減重的智慧，六十四卦的智慧可以幫很大的忙，如果還不夠，那就請大家再研究，也許有一天，你們會學到第六十五個卦，換你們教我《易經》的智慧。

有孚於飲酒，無咎，濡其首，有孚失是

清醒的我充滿了不滿，用喝酒來解脫，酒像是火做的水，滿足我的不滿。但是我喝醉了，心思錯亂了，酒醉與清醒的我，對彼此都不滿。

減重卦象自我評估

影響減重成敗的因素很多，每個人需要的智慧也不盡相同。以下的五十個問題可以協助你細細評估，你的減重是偏向哪些卦的問題，需要哪些卦的智慧。

1. 我很叛逆，愈有人說我什麼，我愈不聽不從，甚至倒行逆施。	謙、大過、蠱
2. 我很急性子，想要什麼就非馬上辦不行，想吃就馬上開車去，再遠也行。等待是我的罩門。	夬、漸、姤
3. 我狼吞虎嚥，吃過什麼東西，有時候吃過就忘了。咀嚼對我是很難的動作。	噬嗑、屯、小過
4. 我對美食有無限的想像力、好奇心。	蒙、未濟
5. 我常告訴自己明天要開始減重，但到了明天就忘了昨天，永遠都是明天再說。	夬、師、乾
6. 我有減重的計畫，也認真執行過，可是太多的意外、太多的破例，所以成效不彰。	師、比、巽
7. 我有太多的損友，總是破壞我的減重計畫。	隨、損、節
8. 我很容易生氣，一生氣就吃很多東西。	損、渙、解
9. 我覺得我吃很少，我是連喝水、吸空氣都會胖的那種人。	兌、中孚、豐、晉

10.	我總是覺好餓，吃再多都覺得還想再吃。	既濟、需、復
11.	我覺得很孤單寂寞，所以用吃來排除這些感覺。	困、需、否
12.	我覺得吃是最實惠幸福的行為，我相信食養的絕對價值。	頤、坎、恆
13.	我知道胖會讓百病纏身，但是我很鈍感，完全不理會別人對我的警告與建議。	坤、觀、蹇
14.	我很後悔讓自己變胖又百病纏身，可是我想減重又很無力、很茫然。	剝、夬、乾
15.	我的意見很多，想法很多，常常聽人說一半就打斷別人的話。減重時，我的想法往往無法執行。	觀、益、蠱
16.	我的減重方法很多元，資訊的搜尋也很充實，可是總是不給力，很快就復胖。	大有、履
17.	我的減重方法很單一，總是減一些，然後就停住，我也不想試其它的方法。	復、小畜
18.	我愛吃、愛嘗新，美食與旅行是人生最美的經驗，減重就隨緣囉！	旅、無妄
19.	我愛吃，可是要我說出哪些好吃，哪些不好吃，我卻一句話也說不清楚。	咸、睽
20.	我很節省，桌上剩下的食物，我會默默的把它們吃完，所以減重對我很難。	損、節
21.	我不喜歡人多的地方，不喜歡談天，不喜歡別人刺探我的隱私，所以常常一個人自己吃東西。	兌、艮，比
22.	我年輕時，微微胖就拉警報，現在每年都漸胖，拉警報也沒用，我不是吃太多，是身體的代謝變差。	咸、夬、否
23.	我的應酬太多，所以無法減重，除非我退休。	遯、比、泰
24.	我是喝太多酒與飲品變胖的。	節、未濟、鼎。

25. 我的家人（父母或配偶）害我變胖，為了討好或不違逆他們，我漸漸吃胖。	隨、履、家人
26. 我是在愛情受挫後變胖的。沒有愛情的誘因，我是瘦不回去了。	否、解、渙
27. 我的愛人很愛吃醋，所以我把自己變胖，讓對方放心一點。	隨、坤、震
28. 我的愛人嫌我胖，但是我聽聽而已，也不想為對方減重，反正大家隨緣吧。	謙、剝、大過
29. 我太感性了，喜怒無常，生氣時要吃，高興更要吃。	震、咸
30. 我太自信了，總是可以適時把自己瘦回來，但是最近卻不靈了，怎麼也瘦不了一公斤。	升、恆、豫
31. 我為了減重，試過一百種方法，最後還去開了切胃手術，可是沒幾年，就又胖回來。	困、明夷、坎
32. 我的胖是遺傳。我很節制，可是我的家人都是易胖體質，我很無奈。	蠱、困、蹇
33. 我有減重必敗症。明明減重快成功了，就去大吃幾餐慶功，把幾個月的辛苦減重的成果，兩天就吃回來。	未濟、豐、小畜
34. 勝敗由天！我常常在減重，但是沒有一定要成功的決心，太辛苦的事我會自動避開。	大畜、豫、恆
35. 我變胖，也變得厚臉皮了。以前別人笑我胖，我回家會偷偷哭。現在一千個人講，我也只當耳邊風。	乾、小過、賁
36. 公司舉辦了幾次減重比賽，我都拿第一名，可是我還是愈來愈胖。	復、泰、歸妹
37. 太太說小孩都小，叫我要減重，否則哪一天我先走了，誰來照顧大家，可是我還是減不下來。	萃、家人
38. 我的冰箱與房間裡的食物堆積如山，因為我怕肚子餓的感覺。	未濟、否、頤
39. 我有糖尿病，醫生開始幫我打胰島素，我就愈來愈胖。	大有、履、大過

40. 我接受了手術減重，一開始有減一些，後來就停滯了，最後還復胖了，我怪醫生的手術是騙人的。	革、萃、明夷
41. 我很愛漂亮，以前的體重很標準，現在我還是很愛漂亮，可是卻管不住體重了。	革、賁
42. 生意失敗後，我自暴自棄，每天喝醉，變胖很多，健康也亮起紅燈，可是我不想管。	乾、泰、剝
43. 我吃東西的習慣常被父親指正，因為滿口的食物在咬，筷子就一直往桌上去夾菜，一口接一口的沒有斷過。	屯、姤、噬嗑
44. 我不是大胃王，可是我可以一餐吃五個小時，小口小口的吃，從來沒有飽足感。	未濟、復、艮
45. 我常常斷食一天就瘦兩公斤，可是體重還是往上飆升。	豐、晉、臨
46. 我很少冥思食慾、食養的問題，我只是不停的吃，可是沒有一種食物可以滿足我的口慾。	咸、升、井
47. 我看不起肥胖的人，可是我也很胖，我想減重，但是常常減了一兩公斤就停擺。	謙、同人
48. 我想事情都很簡單，口直心快，只是講得多，做得少，別人指責時，我的藉口也特別多。	井、坎、晉
49. 我很愛煮，也很好客，所以我很胖。	鼎、離、井
50. 我是個減重專家，專門幫人減重，但是我自己很胖。	豐、臨、萃

如何給自己卜個卦？

工具

卜卦不難，最簡單的方法就是用銅板，哪一種幣值都行，只要一面有圖案（當作陽），另一面數字的（當作陰），就可以開始卜卦。

步驟

把銅板放在兩手圈住的一個空間，容許它可以輕輕翻轉的程度，心中默念想問的事，從不問什麼到什麼都問都可以，讓銅板在手掌間輕輕搖晃，然後放出到桌面上。

記錄卦象

等銅板靜止翻轉後，圖案向上的是陽爻，反之是陰爻。陽爻記1，陰爻記0，如此重複六次，就出現六個0或1。像111111就是乾為天卦，像000000就是坤為地卦，這般類推，六十四卦都可能出現，機率也相同，只是你的能量磁場會微微影響卦象，呈現出的卦，可以幫你（妳）診斷當下最能幫助，或指引你（妳）解決問題的卦。

卦卦是好卦

卜卦貴在相信，信則靈，不信則不靈。如果一次卜了很多次的卦，就會現出很多不同的卦，即使如此，這些卦之間也有很多微妙的串連。不過，通常超過了一定的程度，不信、不靈的現象就會出現。一般來說，問的問題愈簡單，卜的卦會愈準。抱著「卦卦是好卦」的想法來卜卦是最佳的態度，因為每個卦都有吉、有凶，要善解每卦的意義，就能得到最大的幫助。

卜卦很簡單，解卦卻很難，所以不要隨便卜，隨便解，有時會誤解很大，誤了自己的大事則得不償失。

祝　卜卦吉祥！

國家圖書館出版品預行編目資料

易經說減重很簡單：減重名醫教你運用易經的智慧，輕鬆達成減重的目標／趙世晃◎著.——初版.——台中市：晨星出版有限公司，2021.08

面；公分.——（勁草生活；491）

ISBN 978-626-7009-36-9（平裝）

1. 易經　2. 減重

121.17　　110010911

勁草生活 491

易經說減重很簡單：

減重名醫教你運用易經的智慧，輕鬆達成減重的目標

可至線上填回函！

作者　趙世晃
主編　莊雅琦
編輯　洪絹
網路編輯　邱韻臻
校對　趙世晃、洪絹、莊雅琦
封面設計　賴維明
美術編排　林姿秀

創辦人　陳銘民
發行所　晨星出版有限公司
407台中市西屯區工業30路1號1樓
TEL：04-23595820　FAX：04-23550581
E-mail：service-taipei@morningstar.com.tw
http://star.morningstar.com.tw
行政院新聞局局版台業字第2500號
法律顧問　陳思成律師
初版　西元2021年08月23日
再版　西元2021年09月02日（二刷）

讀者服務專線　TEL：02-23672044／04-23595819#230
讀者傳真專線　FAX：02-23635741／04-23595493
讀者專用信箱　service@morningstar.com.tw
網路書店　http://www.morningstar.com.tw
郵政劃撥　15060393（知己圖書股份有限公司）

印刷　上好印刷股份有限公司

定價 390 元
ISBN　978-626-7009-36-9

（缺頁或破損的書，請寄回更換）
版權所有，翻印必究